きまじめでやさしい弱者のための「独立・起業」読本

合同会社うんすい宅建 代表
Koichi Abe 阿部浩一

クロスメディア・パブリッシング

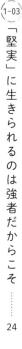

第2章 独立・起業のテーマはありふれたものくらいがちょうどいい

第3章 自責から解放されることで、社会が見えてくる

第4章 弱者のための暇つぶしと時間稼ぎの方法

第5章 人生はお花畑ではなく荒れ地である

プロローグ

「なぜ、今の仕事に就いたのですか？」

現在、何らかの職業に就いている方にうかがいます。なぜ、今の仕事に就いたのかと訊かれたとき、あなたは何と答えるでしょうか？　その答えの内容や答え方にはきっと、あなたの個性がにじみ出るだろうと思います。どういうシチュエーションで、誰に訊かれたかによっても、答えは変わるかもしれません。

2021年4月、私は業界未経験でありながら、ひとりで不動産会社を創業しました。どうして不動産屋さんになったかというと、以前から、宅地建物取引士の資格を持っていたからというのが、まず大きかったです。不動産業の中でも、宅地建物取引業を営むには、事業所あたり5人に1人の取引士を置かなければなりません。ですから、資格がないと誰か有資格者を雇わなければなりません。私は起業するなら「ひとりで」と考えていたので、資格がなければこの仕事を選ばなかっただろうし、そのためにこれから勉強して資格を取ろうとまでは考えなかったでしょう。

身もふたもないことを言えば、私にとって不動産業自体は、そこまでしてやりたい仕事ではない、やらなくてもいい仕事なのかもしれません。職業の分類というのは、目的ではなく、手段に過ぎません。

私がひとりでの起業にこだわるのは、組織で働くことが苦手だからです。だからといって、人が嫌いなわけではありません。むしろ、一個人の立場を守りつつ、いろいろな人とコラボレーションしながら、企画を立てたり、仕掛けたりといったことが大好きな人間です。

ところが、組織に近づいた途端、どんなに周りがいい人でも、萎縮しておかしくなってしまうのです。

＊　＊　＊

今から3年余り前、私は精神科の閉鎖病棟に入院していました。もともとちょっとしんどいことがあればすぐに心療内科を受診、医師の顔を見るだけで安心して、話を聞いてもらったら少し元気になるということをよくやっていましたが、このときばかりはそれまでとは全く違いました。

いつも死ぬことばかりを考えながら、激しい動悸に襲われるのです。何をどうしたらいいかわからず、「いのちの電話」に何度も何度も電話をかけるのですが、一向につながりません。同じように苦しんでいる人が、世の中にはたくさんいることを思いました。一度だけつながったのですが、ただ「つながった、つながった、つながりましたね」などと泣きながら呟いたことを覚えているだけで、何を話したかは全く記憶に残っていません。

16歳のときに父を亡くしました。自動車で堤から転落して溺死したのですが、自死だったのか事故だったのかがはっきりしない最期でした。ただ亡くなった後で、残されたものや周囲の証言などを聞くにつれて、自営業者だった父は経営や人間関係などからずいぶん苦しかったのではないかとうかがわれました。昔気質だった父は一切そういう素振りを私たち家族に見せることはありませんでした。

そんな父を反面教師として、つらいときはSOSを発信しまくってやろうと思いました。私はうつ状態と動悸に襲われながら、必死に自分の状況を、面識のある人や身近な人とのつながりが中心の某SNSに投稿し続けました。案外、余裕があると思われるかもしれませんが、「死にたい」とかそういうシャレにならないことをうっかり書いてしまわないよう、そこは注意しながらできるだけ客観的に書くということを心がけながら綴っていきました。見苦しいと思いながらも、そうして何とかバランスを保っていたのです。

なぜそうなったかというと原因は複合的なもので、どうしても自分中心で語らざるを得ず、特定の誰かを貶《おとし》めることにもなりかねないので詳細は省きますが、私が自分には合わない環境に身を置いていることに目をつむり、なおかつそこで成果を出そうと、勝手に熱くなっていたのがよくなかったのだと思っています。

＊　＊　＊

申し遅れましたが、私の自己紹介をさせてください。生まれ育った山口県で定時制高校を卒業。在学中はアルバイトをしながら学費を稼ぎました。保育士になりたくて進学した専門学校を中退後、地元の書店に約10年、非正規社員として勤務。その間にも掛け持ちで、保険代理店の経営や自動車部品の配送運転手、肉体労働など、さまざまな仕事を経験しました。

30歳のときに上京。ＮＧＯ団体の職員として8年間働き、その後はフリーランスのイベンター、社会福祉法人の職員、ＮＰＯ専門のコンサルティング事務所経営などを経て、現在に至っています。

また、15歳の頃から作詞、作曲や歌などをやっており、現在も「あべこう一」という名前で音楽活動を行っているミュージシャンでもあります。

＊　＊　＊

弊社は、「『マイノリティにやさしい』はみんなにやさしい」を企業理念のひとつとして、性的マイノリティ（ＬＧＢＴｓ）をはじめとする住まいの確保に困難を要する人々の支えになり、応援することを打ち出しています。私自身がゲイの当事者ということもあって、ＬＧＢＴｓの住居問題があることも以前から知っており、ずっと気になっていたのです。

また、私はＮＰＯ業界が長いのですが、その中で一時、児童養護施設にかかわる仕事に携わったことがありました。児童養護施設はさまざまな事情から親権者と暮らすことができない子たちが生活する場所です。ところがそんな子どもたちも、18歳になれば原則として、施設を出なければなりません。

そうはいってもまだ経験値の少ない若者たちです。その上、虐待や育児放棄に遭ったような子たちは、社会へ出てもうまく人間関係を築くことができず、仕事も失い孤立してしまう例は少なくありません。

親を頼れる子なら、親元で再起をはかることも可能です。ですが、施設出身者はそうはいきません。自分が出た施設の先生方も今いる子たちのことで精一杯ですし、なじみの職員が退職してしまったりすれば、疎遠になってしまいがちです。そういう子たちが一時的に身を寄せる場として、不動産を寄付される方がいることを知り、寄付者と受益者をつなぐ仕事をしてみたいと考えました。

ＬＧＢＴｓは、無理解や差別が克服されない現状にあっては、反論もあり得るでしょうが、便宜上、「社会的弱者」なのかもしれません。ちなみに、私自身は、それだけをもって自分のことを社会的弱者だとは思っていません。

ただ、同調圧力や空気を読むことが重視される社会の中にあって、組織が苦手なゲイの私は、ただいるだけで生きづらさを味わいながら今日まで来た感覚があります。自分では総合的な意味において、れっきとした弱者を自認しています。ところが、私は昔からいつも楽しそうに見えて、見た目や雰囲気が「弱者っぽくない」らしく、周囲からそれを理解されにくく、ただのわがままな変人で片づけられてしまいがちでした。

そもそも、弱者とは誰で何なのか。本書では私のように**「弱者っぽくない弱者」**を**「きまじ**

めでやさしい弱者」と定義づけて、そのままでもできるだけ楽に生きていける解説書としました。

人の悩みの大半は仕事とお金、人間関係です。私自身がそんな「仲間」のみなさんにいちばんお勧めしたいのが、ひとりで小さく始めて、拡大路線は取らないように注意しながら、継続させる起業という生き方なので「独立・起業」と銘打っています。

しかしながら、実際に組織を離れ、自分で事業を興す意味での「起業」なのか、固定観念や自分に不都合な諸々からの精神的な「独立」なのかはあなた自身に委ねたいと思います。あくまでも、きまじめでやさしいあなたが、自由に生きていくためのガイドとして存在できればと考えています。

本書はどこから読んでもわかるよう工夫しているつもりです。興味の湧いたところから読んでいただいて、かまいません。

なお、性的マイノリティについては、LGBTと表記するのが一般的です。しかしながら、LとGとBとTだけあるのではなく、そのあり方は色のようにグラデーションであるという観点から、本書では固有名詞などを除いてLGBTsで統一しています。

第1章

生きやすさは何をしたいかではなく、「どこで生きるか」で決まる

1-01

人々が理想とする弱者像と相対的弱者について

どうも私たちが暮らすこの社会には、**理想的な弱者像**というものがあるようです。

たとえば、写真を見せて、貧しい国の飢えた子どもたちを支援するための寄付を集めていますというと、共感を得やすく、寄付も集まりやすいということがあります。

いやらしい言い方をすれば、**「恵まれない子どもたち」というのは、資金集めのための強い切り札となり得る**のがこの社会だといえるでしょう。

一方で日本社会は、物言う弱者に対してはとても冷淡で、「生意気だ」などとボロクソに攻撃してきます。市民運動やデモ行進に対する人々の冷たい視線や無関心は、その典型でしょう。とかく人は、自分が理解するには少し骨が折れることよりも、シンプルでわかりやすいものを求めがちではあります。

多くの人にとって、弱者は、「従順で健気な存在」でなくてはいけないということなのです。

何をもって弱者かは、明確に定義づけることは難しいですが、「貧困」を例に考えると、腑に落ちるのではないでしょうか。

貧困には**「絶対的貧困」**と**「相対的貧困」**があります。絶対的貧困は、必要最低限の生活水準にさえ届かない状況で、相対的貧困は、ある特定のコミュニティの標準に比べれば貧しいという状況をいいます。これを踏まえて、行政などが定める最低水準さえ下回る人に対して、地球上にはもっと飢餓や病気で苦しんでいる人がいるのだから、などと言っても仕方のないことだということは理解できます。

ですが、**「相対的弱者」に対してなら、平気でひどいことを言う人たちは別に珍しくありません。**子どもをつくらない人を何で税金でケアしなければいけないのか、ＬＧＢＴｓは個人の趣味の問題だから権利を主張するななどと言い放つ人たち……。

「社会が求める理想の弱者像」と「物言う弱者」――実はその狭間にいる「相対的弱者」こそ、

弱者の中でも見過ごされやすい存在だったりします。この層の中には、本当はきちんとした治療や社会的ケアが必要な人も含まれていて、ちょっと周囲が理解を示してあげられるだけで、うまくやっていける人たちとの境目がわかりづらいのが特徴です。

さらにその背後には、明らかに手助けが必要なのに、自分の弱さを認められない人や、言語化できずに苦しんでいる人がたくさん存在します。

ロストジェネレーション（ロスジェネ）世代とは、バブル崩壊直後からの厳しい就職戦線（就職氷河期）を経験した世代を言います。学校を出ても、それまでのように正規社員としての就職先がなく、非正規雇用に甘んじざるを得なかった世代です。

そのような社会状況を理解できない前の世代からは、甘えている、怠け者、好きでそうしているのだろうなどと、厳しい言葉を投げかけられて、社会から顧みられることのなかった世代でもあります。

一億総中流社会はもう終わったのだと、人々が気づき始めた頃にはロスジェネ世代はすでに疲弊し切っていました。そしてこの世代は団塊の世代に当たる親や学校などから、自己責任論を刷り込まれてきています。ゆえに、自分が苦しいのは自分のせいだけではなく社会のせいかもしれない、という発想にたどり着きにくいのです。

また、他人や行政などに頼ることを恥と考えている人が多いのも、この世代の特徴といえるでしょう。ロスジェネ世代はもう40歳を超えてしまいましたが、最近の20代でもそういう傾向があるようです。これは、教育の責任です。政治に対して冷めているのもこの世代の特徴で、政治家は全般的に自分の票につながらないことには腰が重いので（それが悪いと言いたいのではない）、ロスジェネを取り巻く環境が改善されるわけはありません。

そして、ロスジェネ世代は今や「いい大人」です。「恵まれない子どもたち」や「障がい者」、「母子家庭」（父子家庭は含まない）などのように、社会が求めるわかりやすく、理想的な弱者の姿をしているわけでもありません。最近は、ロスジェネ世代の正規雇用化などという話もときどき耳にしますが、それはどちらかというと当人たちのためというよりも、今後かさむであろう社会保障費を抑えたいなどといった、社会の都合が中心です。

1-02

権利を主張するのはわがままか

有形無形の外圧から、「言いたいことがあるなら言いなさい」と促されて勇気を振り絞って口を開いた途端、「口答えをするな！」と叱られるような理不尽な感覚。これは悪しき日本の文化である気がしています。

そして、それを見ていた部外者がそこへ加勢する。その根底には、私だってガマンしているのだから、自分だけが権利を主張するな、という感情があるように感じます。

それなら自分だってガマンせずに、文句を言えばいいじゃないかと思うのですが、なぜかそうはならず、底辺にいる者同士で足を引っ張り合うのです。

ＬＧＢＴｓの中でもそうです。当事者の誰かがＬＧＢＴｓを取り巻く社会状況を改善しようと何かアクションを起こすと、必ず「おまえが当事者の代表ヅラをするな！」と水を差す人が、当事者と思しき人々の中からも現れます。建設的な批判ならよいのですが、大概「インテリぶりやがって」というような低次元の攻撃です。

「正当な怒りの表明」ということに関して、この社会はとても不寛容です。

そのくせ、消費者民主主義とでもいうのか、お店などでは自分は客だなどと威張って、些細なことでムッとしたり、怒り出したりすることには恥じらいがありません。いつだって主役ではなく、安全圏でリスクを取らないお客様なのです。

人間というものは、本当に大事なものや自身の尊厳を傷つけられたときは、激しい怒りを表すのが本来あるべき、当然の姿です。

以前、未成年にパートナーとまだ生まれたばかりの子どもを殺害された男性が、高ぶる感情を抑えつつ、メディアを通じて怒りをあらわにしていると、ネット上で「調子に乗るな！」などと批判されたということがありました。

その男性はもともと意思の強い、しっかりした人物だったのではないかと推察されます。テレビカメラの前でも物怖じすることもなく、理路整然と自分の意見や気持ちを述べる姿はそれこそ、「社会が求める弱者像」とは相違していて、日頃から鬱憤の溜まっている人々からすれば、「キャラが立つ、何かいけ好かない奴」ということだったのでしょう。

怒りを覚えてもそれを表明できず、グッとガマンしてしまう。大きな声を出すのはみっともない、感情的になるのは大人げない、かっこ悪いと考えている人、そういうことは苦手だと思っている人は多いです。それでも少し前まではまだ、「言いたいことを言うのではなく、言うべきことを言う」という文化がありました。

テレビの討論番組では、パネリスト同士の怒鳴り合いや取っ組み合いのようなこともありましたが、最近はそういう激しい感情のぶつかり合いは、視聴者に好まれないのだそうです。とはいうものの、たとえば女性の参政権や国民皆保険などといった、現在では当たり前のことも、先人たちが声を上げて闘い、権利を主張して勝ち取ってきたものではあります。そういう面は、今後も変わらないのではないでしょうか。

「きまじめでやさしい弱者」には、いくら自分や周囲にメリットがあるとしても、苦手なこと、嫌なことをガマンしてやるということは推奨しません。

自分が風上に立たなくても、世の中には正しく憤り、仲間の意見を集約して、最大公約数的な落としどころを探りながら、時には戦略的に大声を出すことが得意な人が必ずいます。ですが、権利の獲得や自分が生きやすい社会を求めるということは、誰かが声を上げなければならないことですし、口を開けて待っていれば誰かが飴玉を放り入れてくれるような甘い話ではないという側面については、知っておいてほしいと思うのです。

自分が目立たなくてもいいけれど、人間が人間であるために声を上げることは、本来は自身も持ち合わせておくべき、他者の真剣さや切実さを冷笑する側にまわってしまったら、それは人間としてどうなのでしょうか。

1-03

「堅実」に生きられるのは強者だからこそ

人がカッコつけていられるのは、守られていて余裕があるからです。衣食足りて礼節を知るとはよく言ったもので、自分が食えてないのに、他人の食い扶持を心配するゆとりは普通ありません。それどころか所持金もなく、数日まともに食事をしていない人なら、コンビニでおにぎりを万引きするでしょう。

生きるか死ぬかの状況を目の前にして、「窃盗は犯罪です」などと言ってもむなしいことです。場合によっては、犯罪だって許されることがあると言いたいのではありません。ですが、そこでどうしてそんな状況になるまで手立てを講じなかったのか、そういう生き方を自分でしてきたのだから仕方ないだろう、他人に迷惑をかけるななどと、その「万引き犯」に対して不快感を持った方はこの本を読むよりも、まずこの社会にホームレス課題がなくならない背景について、学んでみられることをおすすめします。

「堅実」に生きることができるのは、社会制度や人々の意識下にある世俗的な「当たり前」の感覚に守られているからです。どれだけ今存在している社会における当たり前が、自分が自分らしく生きるということを担保してくれているのかという話。

オッサンたちが若い奴らは甘えている、俺たちは苦労の連続の中で一生懸命に道を開いてきたのだなどと言うとき、「奥様」が家庭を守り、男性が女性よりも優遇され、会社という共同体が自身の雇用やステータスを守り、右肩上がりの経済情勢が暮らしを守ってきてくれたからこそ、自分の能力も発揮できたし、脇目も振らずに努力ができたのだという視点が、すっぽり抜け落ちていることがよくあります。

結婚というのも、婚姻という社会制度です。日本では同性婚が認められていません。ですから同性同士だと、男女の婚姻を前提とした諸制度を原則的に活用することができません。そんなことから当事者は、現在のさまざまな社会制度の中においては、ライフプランを描きにくいのです。

婚姻制度があるからこそ成立し得る、「事実婚」などというような選択肢もありません。「同性同士で愛する人と生きていく」というモデルケースが、周囲にほとんどないのです。

同性愛は長い間、社会の中で隠されてきました。とくにメディアが伝える男性同性愛者は、必ずといっていいほど女性装で、いわゆるオネエ言葉をしゃべっています。そして、なぜかセックスに旺盛で、異性愛男性を襲うキワモノ的な存在でした。確かにそういう人は、身の回りにそんなにはいないでしょう。だから今でも「うちの会社にはLGBTはいないよ」、「日本は性的マイノリティに理解がある」などと言い放つ人がいます。

社会のメインストリームから仲間外れにされたら、仲間に入れろと意思表示をするか、自分も仲間だよと偽るか、地下に潜って合法と非合法のすれすれで生きていこうと考えるのが道理です。危なげのなさや波風立たない暮らしなどといったことからは、遠ざかっていかざるを得ません。

組織が苦手な、「きまじめでやさしい弱者」のめざすべき生き方は、絵本や教科書でおなじみの「スイミー」のように、海の中で小魚たちが集まって、大きな魚のふりをして、獰猛な大きな魚とも対峙しながら生きていくイメージです。大きな魚を追っ払ってしまえばいつまでも群れをなしているのではなく、また1匹の小魚に戻っていきます。もちろん、対峙せずにひっそり生きるのも自由です。

いずれにしても、**まずは社会に対して自分の旗を立ててみせるということが大切です。**

ちなみに初めの万引きをした人物について、身なりの汚い風采の上がらないおじさんをイメージした方。それは先入観というバイアスにとらわれているのかもしれません。たとえば前記のような動機で行われた万引きの実行犯が、10代か20代のアイドルのような容姿をした女性では絶対ないということがあるでしょうか。私は一言も犯人はおじさんだなどとは言っていません。こうして、制度からこぼれ落ちた目に見えない弱者がつくられていくのです。

1-04

おとなしそうでオドオドしている人だけがＨＳＰじゃない

最近、ハイリー・センシティブ・パーソン（ＨＳＰ）が話題です。ＨＳＰは敏感過ぎる人のことで、病気の名称ではありません。昔からそういう人はいて、繊細とか神経質ということで片づけられていましたが、絶対に今は増えています。それは、脳みそが置いてけぼりになるほど、せかせか流れる世の中のスピードに、もうついていけないという人が増加しているということではないでしょうか。

かつては、ＨＳＰやＨＳＰ予備軍ともいえる人々に対し、嫌々でも居場所を提供する余裕が社会の側にもありました。しかし、２０００年代初頭以降、弱肉強食の救いのない社会になっている風潮が見受けられます。２００８年末から09年初めの、年越し派遣村のことを記憶している方もいるでしょう。

アメリカの心理学者、エレイン・Ｎ・アーロン博士によるＨＳＰ診断という、心理テストがあります。この結果で「はい」の数が多い、あるいは数は少なくても該当するひとつの項目の度合いが強い場合は、HSPに当たる可能性が高いというものです。

敏感過ぎる人というと、おとなしくてオドオドした感じの人物を思い浮かべがちですが、必ずしもそうとは限りません。

HSPでも、敏感過ぎるがゆえに、他者に対する態度や反応に威圧感があったり、過剰にふるまい過ぎて自信満々に見えたりするということもあるのです。

HSPの典型的なケースに、「一度にたくさんのことを要求されると混乱する」というのがあります。これは逆に言えば、ひとつのことに集中する能力が高いということでもあります。

ある種のきまじめさというものは、行き過ぎると滑稽で笑いを誘う面があります。あるHSPさんが、もうみんなにいい顔をして生きるのはやめた、これからは不真面目に、不道徳に生きてやると決意しました。そのHSPさんはまず、不道徳に生きるということについて本を読んだり、ネットで調べたりして徹底的に情報収集を行います。そして、形から入ることが大事だと悟り、これまで縁のなかったような派手で目立ちやすい服装や髪型に挑戦しました。自己啓発セミナーやこれはと思ったイベントに参加し、交友関係を広げていきます。その結果、精神科へ入院と相成ったのでした。

不真面目に生きると決めたら、不真面目について真剣に、真摯に向き合ってしまうのもHSPらしさのひとつではないでしょうか。

だけどこの話、しんどい話には違いないけれど、なんだか可笑しいし、かわいらしくないでしょうか。

かの松下幸之助氏は、自社の採用面接の際に必ず、「君は運がいいかね?」、「君は愛嬌があるかね?」と質問したといいます。これに対して、否定する回答をした人は不採用、率直に肯定できなくても自身の幸運や、かわいげのような話に何かしら言及できた人は採用となったそうです。

そもそも、痛みや刺激に対する受け止め方は人それぞれで、あなたは神経質過ぎるとか、おまえは鈍感だからけしからんなどという問題ではありません。HSPがつらいと感じる場面が多いのは、今がまだ時代の変化などといいながらも、古い社会の価値観を引きずっている過渡期にあるからです。そう遠くないうちに、時代があなたに追いついてきますし、そうでなくてはなりません。

1-05

「働くということ」を捉え直してみる

ベーシックインカムとは、簡単に言うと政府が人々に、暮らしていくために最低限度の現金を定期的に支給することです。新型コロナウイルス感染症に伴い、一律10万円が支給されたことはまだ記憶に新しいです。イメージとしてはあの政策が毎月実施されるといった感じでしょうか。

ベーシックインカムの議論で、導入に反対や懐疑的な人から必ず出る意見に、「金を配ったらみんなが働かなくなる」というものがあります。ですが、本当にそうでしょうか。それは「働くこと=賃労働」という発想にとらわれ過ぎているからこその意見ではないかと思うのです。

毎月10万円ももらえるなら全く働かないぞ、という人がどれだけいるでしょうか。

人は誰でも多かれ少なかれ、他者の役に立ちたい、称賛されたい、夢中になれる何かに打ち込みたいなどの欲求があるものです。私はベーシックインカムが実現して、賃労働にとらわれることをやめた人たちの中から、新しい価値やお金を生み出す人が次々現れるだろうと考えています。

それに第一、最低限の食い扶持に困らなければずっと寝ていたいという人がいるとしても、それの何が悪いというのでしょうか。そんな人たちの首根っこをつかんで、無理やり労働市場に引っ張り出したところで、誰も幸せにはならないでしょう。しっかり稼いでいる人が、税金をたくさん払って養えばいいのです。それに対してずるいなどと文句を言う人は、大して稼いでもいなければ、自分というものを持てていない人ではないでしょうか。**人は本来、それぞれ神様から与えられた役割が違うものです。**

世の中には、あまりお金にはならない、そのことが直接お金を生むわけではないけれど、誰かが取り組まなければならない仕事というものがあります。公務員という仕事もそのひとつでしょう。ときどき、市役所の職員さんや警察官などに「税金で食っているくせに」などと悪態をつく人がいますが、これは根本的に間違っています。私自身、自分の立場を勘違いした生意気な小役人は大嫌いですが、怒るべきは偉そうな態度や口の利き方などに対してであって、給料の原資云々は関係ない話です。

1日8時間も働けないけれど、4時間くらいなら働きたいという人が食べていくためだけに、やむを得ずフルタイムで働く、働かせるということが、世の中的に必要でしょうか。もともと仕事とは、「8時間、その場にいること」や、「暑くてもネクタイをしてスーツを着ること」などではなく、目標に対して、成果を得るという単純なものであるはずです。

ベーシックインカムについては、「役立たずは労働市場から去れ」、「これだけ保障するから一切文句は受け付けない」などと為政者《いせいしゃ》や強者の論理を唱える側から悪用される恐れもあり、慎重な議論と受け入れる側の成熟度が求められます。また、財源をどのように捻出するかという問題もあります。

もう、ただ無邪気に成長や大量生産、大量消費社会を欲すべき時代ではありません。食べていく心配さえなければ、ボランティアをやってみたい、将来のための種まきの期間を十分に確保してみたいといった願いをかなえられる社会のほうが、みんなにやさしい社会とはいえないでしょうか。それは、バリバリ働きたい人の生きがいを奪うという話ではありません。だから「きまじめでやさしい弱者」は、がんばりたい人の足は引っ張らないように、できるだけ距離を置きたいものです。

とはいうものの、まだ現実にはそうした社会ではない以上、可能な限り働くことを取り巻く環境を、自分でどうにかしていかなければなりません。

1-06

仕事と趣味とライフワークのクロスオーバー的な生き方

「ONとOFF」という考え方。よく働き、よく遊ぶ。そして、仕事とプライベートのけじめをしっかりつけるということですが、私はあまり好きではありません。「早く定時にならないかな」、「今日を乗り切れば週末の休みだ！」などと思いながら働くことは嫌です。また、休みに好きなことをしているときでも、仕事のアイデアがひらめいたり、何かヒントになるものが視界に入ってきたりしたときは、ハイテンションでいたいですし、そういう心境でいられる仕事に就いていていたいです。

「仕事」とは自分がやりたいことよりも、「社会から必要とされていること」で、なおかつ自分が過度なストレスを感じる必要のないものだと定義しましょうか。苦痛でさえなければ、必ずしも好きなことである必要はありません。

「好きなことを仕事に」というのも、よく聞く話です。しかしながら、やりがいなど自分の思いを優先しないほうが、かえって変なこだわりや雑念も入らないですし、好きなことなのにつらいといった状況にも陥らずに済みます。

そして、「趣味」は楽しくて慰めになること。ストレスになるくらいなら、さっさとやめてもいいことです。その仕事（ＯＮ）と趣味（ＯＦＦ）の間に、「ライフワーク」という考え方があります。


ライフワークとは、自分の生涯を奉ずるテーマのことをいいます。お金を稼いだり、社会参加したりするための仕事とは違うものです。もちろん、娯楽や気分転換の要素を含む趣味とも異なります。ライフワークは基本的に、お金や名声などといった見返りを求めないものです。心から夢中になれるものといった点で、趣味との区別が難しいところはあります。区別するポイントは、そこにストレスがあるかどうかでしょう。

私の例でいうと、ライフワークは音楽活動です。15歳の頃から作詞と作曲、歌やギターをやっています。これについては、思うようにいかないときは強いストレスを感じますし、かなりストイックです。今は年齢を重ねてきて、だいぶ丸くなったのですが、いつも自分がいちばんだと思い、対バン（ひとつのライブ企画に複数の演者が出演するライブ）のときには、周りに対してライバル心をギラギラ燃やしていました。また、バンドを組んでいたときは超がつくほどの独裁者で、今にして思えばメンバーに対してパワハラとも思える言動を行っていたことは、若気の至りとはいえ、とても反省しています。

一方でたくさんある私の趣味の中に、「ミニカー集め」があります。コレクションケースに並ぶミニカーを眺めているときは、掛け値なしに安らぎの時間ですし、他のコレクターに嫉妬を覚えるなどということもありません。唯一ストレスを感じるのは、どうしても欲しいレア物が目の前にあるのに、高額過ぎて手が出ないといったときくらいです。

私も若い頃は、音楽でスターになることにあこがれたこともあります。ですが今は、20歳そこそこのときに商業音楽の世界で、うっかりスターになんかならなくてよかったなぁと思っています。今ライフワークを持っている人は、どれだけいるでしょうか。趣味との境目があいまいになっている人も多いことでしょう。私の場合、趣味よりガチな「(売れない)ミュージシャン」という立ち位置が、さまざまな場面で自分自身の付加価値となり、ブランドづくりに役立っています。


「きまじめでやさしい弱者」のライフスタイルは、急激な変化や突飛な発想、行動を追求するものではありません。ですが、どんなに変わらない景色に見えても、形あるものは必ず変化しているものです。ライフワークという絶対的なプライドの部分で心にワンクッション置きつつ、ONとOFFの境界線をできる限りあいまいにすること。それによって、静かな化学反応を起こしながら、消えずに存在し続けることをめざします。

1-07

正社員、怖い

10代や20代の頃、「正社員になる」ということが怖くて仕方ありませんでした。

正社員になるということは、自分自身を捨てなければいけないことと信じ、ダメな社会に屈服することだと思っていました。ちょうど、両腕をつかまれて無理やり背中に奴隷の証としての焼き印を捺されるイメージです。

両親ともに、反社出身で水商売に従事。とくに母は、フランス人の祖父と日本人の祖母との間に生まれたいわゆる非嫡出子。広島で「極道の女」を経て、妻子のあった父と一緒になった人で、社会の常識などどくそくらえというタイプです。厳しい差別とも闘ってきた2人の子として育った影響もなきにしもあらずでしょう。

ですが、中学生のときのあの体験は、私の人格形成に大きな影響を与えたものと考えています。

一般社会の感覚からすると、明らかに変な校則、「ブラック校則」というのが話題です。天然パーマの生徒へ直毛を強要することや、下着の色を制限するなどといったことがこれに当てはまるでしょう。なお、悪しきものを「ブラック〇〇」と呼ぶことに対し、黒人差別につながるという意見もあるということは知っておくといいでしょう。

1980年代末から90年代初め、当時でもたぶん、都市部では減少傾向にあったのでしょうが、私が在籍した田舎の公立中学には男子丸刈り強制校則がありました。長い髪が好きだった私も、入学時には頭を丸めました。たかが髪の毛かもしれませんが、多感な時期にあの言いようのない喪失感は、今でも忘れられません。

その後、私はこの校則に反発して髪を伸ばして登校する、「静かな反対闘争」を始めました。一部の保護者から人権問題だと突き上げられて右往左往する教員たち、うろたえるPTA保護者会。戦時中の隣組よろしく、パンドラの箱を開けてしまった私の行動をチェックしては教員に告げ口する同級生……。このときの学校という小社会での痛い経験が、今でも私の物事の捉え方に響いています。ちなみに私の卒業から2年後、丸刈り校則は廃止されています。

高校生の頃、あるテレビ番組をきっかけに、政治へ関心を持つようになりました。そして書店員や生命保険の個人代理店経営などを経て上京。ゲイのコミュニティで出会った友人のつながりによって、NGO団体の事務局で働くようになります。

8年間の勤務を経て退職後はずっと、職員や個人事業主と立場を変えながら、NPO業界を渡り歩いてきました。その間には経営不振や病気などもあって、派遣社員の仕事も経験しました。

正社員を恐れ続け、非正規、NPO・NGO、フリーランスに個人事業主という生き方を経て、会社経営者になりました。自分でも過去を振り返って、知恵が足りなかった、視野が狭い部分もあったように思います。

しかしながら、**「非正規労働者を正規雇用に！」や「1日8時間働けば生きていける社会に！」などといったキャッチフレーズ。一見、すばらしいことのようで、私は何かモヤモヤするのです。**

政治の世界で、「リベラル」や「弱者の味方」を標榜する政党がなかなか勝てない背景には、私のような者が見えておらず、取りこぼしがけっこうあるからではないでしょうか。これも善良（強者）であるがゆえに、理想的な弱者像という罠にとらわれた姿です。

1-08 社会起業家の罠

事業を通じて社会課題を解決する、ソーシャルビジネスで起業する人のことを、社会起業家といいます。経済産業省が出している「ソーシャルビジネス研究会報告書」では、ソーシャルビジネスの定義として、次のように述べられています。

①社会性

現在解決が求められる社会的課題に取り組むことを事業活動のミッションとすること。

※解決すべき社会的課題の内容により、活動範囲に地域性が生じる場合もあるが、地域性の有無はソーシャルビジネスの基準には含めない。

②事業性

①のミッションをビジネスの形に表し、継続的に事業活動を進めていくこと。

③革新性

新しい社会的商品・サービスや、それを提供するための仕組みを開発したり、活用したりすること。また、その活動が社会に広がることを通して、新しい社会的価値を創出すること。

社会課題の解決が目的なので、たとえばフードロス、外国人や障がい者の就労問題、空き家問題など、さまざまな課題が考えられます。その大きな特徴は、主に事業収益で継続的に運営されている点です。そうではない社会的事業との違いは、寄付金や行政からの一定額の補助などといった資金に頼らないことでしょう。もちろん、それは割合の問題であって、寄付や補助を受けたらソーシャルビジネスではないということにはなりません。

今の20代〜30代の社会起業家の世界は、意識高い系の宝庫です。

２０１１年の東日本大震災の頃に大学生だった年代の社会起業家にもよく会いましたが、市民運動を経験してきた者からすると、少々、考え方などについて違和感があったものです。当然、そういう人ばかりではありません。ですが、社会起業家を志すにもかかわらず、自分が関心のないことには極度に冷たいという姿勢はどうかと思います。

たとえば、虐待される子どもが後を絶たない背景には、親世代に雇用環境が不安定であることなどによる、ストレスや生きづらさがあると考えられます。また、そういう親たちも同じような子ども時代を送ってきているなど、負の連鎖を立ち切れない社会構造が放置されているという問題もあるのです。そこを子どもはかわいそうだが、虐待する大人は悪だという勧善懲悪の発想でしか物事を捉えないようでは話になりません。社会的課題というものは、何ひとつ単体で存在するものはないのです。
また、ヘタに会社勤めを経験している人にありがちなのが、営利企業のマーケティングの発想をそのまま持ち込もうとして、周囲からヒンシュクを買うことです。まず、ソーシャルビジネスのそれとは、似て非なるものであることを知らなくてはなりません。たとえば、それが直接に利益を生まないことでも受益者にとって必要ならば、それを承知で抱え込まざるを得ない局面がたびたびあるのもソーシャルビジネスの特徴です。安易に切り捨てる前に、その稼がない部門を養えるだけの稼ぎ頭を創造することこそ、ソーシャルビジネスにおけるマーケティングといえるでしょう。

児童養護施設にボランティアに行った若者が、子どもから物を投げつけられたり、「帰れ！」などと罵られてショックを受けるというようなことがあります。ボランティアの側が、勝手に「かわいそうな子どもたちは従順な天使」くらいに考えているからこそのギャップ。保護者などから虐待を受け続けてきて、大人を信用できない、心を開けない子どもはたくさんいます。厳しい言い方をすれば、「手を差し伸べてあげる」という、こちら側の思い上がりが招く結果といえます。

1-09

「会社を離れる勇気がない」と言っているうちはまだ余裕

会社は嫌だけど、その会社を離れる勇気がない。そういう人は、無理に会社を辞めなくていいのです。私のような組織が怖い者から言わせれば、まだ十分に余裕があります。嫌なことがなくても、組織に属しているというだけでおかしくなるような人間には、離れる勇気もクソもありません。

焼夷弾《しょういだん》の雨が降り注ぐ中を、逃げる勇気がないからとどまるなどという人はいません。もっと切実な話なのです。

社内起業家制度のある会社もありますが、そこまでしなくても組織の中で「独立」して、自分がいちばんになれるものを育みつつ、自分にとって居心地のよい場所にしていったらいいでしょう。

かつて、社会が用意してくれたレールの上にさえ乗っておけば、よほどのことがない限り、終身雇用制度に守られていた時代がありました。しかしながら、そんな時代であっても、やはり組織になじめないと感じる人たちは一定数存在しました。今は亡き私の父もそんなひとりだったように思います。

父は1946年生まれ。戦後の高度成長期に青春時代を過ごし、バブル景気の頃が働き盛りで退職金もたっぷりもらってリタイアした、下の世代からは「勝ち逃げ世代」と揶揄される年代でもあります。父自身は、貧しい家を放り出されて中卒で工場に就職しました。しかし、そこになじめずすぐに退職。今でいう反社会的勢力の構成員となります。善悪の問題以前に昔は社会になじめない者や、厳しい差別に遭っているような者の受け皿の役割を、そういった勢力も担っていたのです。

その後、ある事件を起こして逮捕された父ですが、まだ若かったこともあり堅気の道に戻り、資格まで取ってバーテンダーとなりました。私がまだ小学生だった86年に自分の店を持ちましたが、相当な借金をして清水《きよみず》の舞台から飛び降りるような覚悟だったようです。それも、地元の名士でもあった税理士が理解者となってくれて、信用金庫へ掛け合い、やっと実現できたような話。父のように本流になじめない人間が、小さな店を持ってささやかに生きていこうとすることさえ、大変な決心が必要だったのが今から30年以上前までの話なのです。

ですが今は違います。起業のための手段、業種、発想も豊富にあります。顧客や取引相手へのアプローチ方法も多様です。もちろん、情報を正しく受け取ることさえできれば、反社会的勢力の一員になる必要もないでしょう。そして何より、世の中のほうが私たち弱者の苦手とする「押しの強さ」をあまり好まなくなってきています。

プッシュ営業というのは、顧客自身に行動を促すのではなく、こちらから仕掛けていく営業スタイルをいいます。電話営業をかけたり、用事がなくてもアポなしで顧客のところへ訪問したりすることはプッシュ営業に該当するでしょう。

一方でプル営業は、あくまでも顧客自身に行動してもらうように働きかける営業スタイルです。セミナーやイベントの開催、ウェブサイトなどを通じて、自分からコンタクトを取ってきた人を対象に行う営業をいいます。

インターネットやさまざまな情報端末が普及することによって、買い物の様式が多様化した現在、後者の営業スタイルのほうが優勢な点は自明です。これなら精神的負担も少なそうですし、なんとかなりそうではないでしょうか。

「きまじめでやさしい弱者」は、どんなにつらい状況に陥っても、周囲の色に染まることができない、ヘタレだけれども長いものには巻かれない人のことです。アーティスト気質の人に、そういうタイプが多い印象もありますが、何もそれほど高尚な話ではありません。

起業のためのツール、ユーザーから求められる営業スタイル、購買のプロセスの多様化……。私の父の時代とは違って、いろんな属性や背景を持つ人が起業できる環境は整っています。

1-10

貧乏な人が今ある資源を用いて起業できる時代

貧乏と貧困の違いとは何でしょうか。

さまざまな定義があるでしょうが、私は切実さの違いだと思います。貧乏というのは、単にお金がない状態。それも、ある一時的なものです。

ところが貧困は構造的にあるもので、もっと複雑で入り組んでいるさま。人間関係や人生観、情報を収集する力など、必ずしもお金の問題だけを指しませんが、その裏づけとなる教育や福祉、文化の貧困が行き着く先は、やはりその人の貧しい経済状況です。

貧困というのは、連鎖するものといわれます。親の素行や食事の質、家庭内の衛生環境などは、子どもの発育やその後の人生にも大きく影響します。また、貧困の状態にあると、排他性が発揮されて、似たようなもの同士のコミュニティが形成されます。そこでは多様性を学ぶ機会もありませんし、その中で足を引っ張り合うようなことや、雰囲気にのまれて犯罪に加担するようなことも起こり得ます。ある種の、カルトです。

自然災害などの被害に遭って、ある日突然、貧困状態に陥るということもありますが、安全な場所を選んで生きてきたつもりが、雇用環境の破壊や共同体からの離脱によって、身動きできなくなるといったことも、珍しいことではなくなっています。

特別、何かサボっているわけでもないのに収入が低い、贅沢もしていないのに生活が苦しいと感じる。そのように、もう経済大国とは言い難い日本ですが、相変わらず広告は人々の欲望を刺激してきます。近頃の若い人は、あまり物を欲しがらないという言説もありますが、買うお金がないだけだという見立てもできます。自己破産や債務整理というと、億単位の負債をかかえてやむなくというようなイメージがあるかもしれませんが、実際には200万円～300万円程度の負債額によるものが多いといいます。

借金というのは、それくらいまで膨らんで、返せそうにないくらいのときがいちばん苦しいものです。逆にある程度、現実感に乏しい金額に達すると開き直ることもできるし、周囲もとやかく言わなくなり、逆に称賛さえされるという変なものでもあります。

大きな借金ができるというのも、また強者の条件なのかもしれません。

つい20年くらい前までの起業は中流以上の人が、大きな借金をして行うものでした。だけど今は、貧乏人が手近にある資源を用いて行える時代です。売れるものさえあればメルカリやヤフオクがあるし、ウェブショップも簡単につくれてしまいます。そういうものがない頃に、勝手に路上で商売をしていたら、「許可は取ってますか?」と警察がすっ飛んで来ていました（今ももちろんそうです）。

そもそも、戦前（1945年以前）までの日本にはまだ、多様な暮らしの立て方があったといいます。職業選択の自由はほとんどなくても、甘酒売りやもぐさ売りなど、職業分類だけは今より細分化されていたし、サラリーマン中心の社会になったのは戦後のことです。

「きまじめでやさしい弱者」の起業は強い相手に挑むことではないのはもちろん、斬新なアイデアと胆力でゲリラ戦を勝ち抜くことでもありません。**自分が得意なことを苦手とする人の多いコミュニティを選んで、そこで差別化を図ることです。**

人よりちょっとインターネットに詳しいくらいでは、労働市場という大海原に出て、それを専門にしようとしてもなかなか相手にしてもらえません。私の場合、Wordを使用して、いかにもWordでつくったという感じのしないチラシなどの紙ものを制作するのには自信があるのですが、そういう仕事を探そうとしても、IllustratorやPhotoshopを使えることが必須となっている場合がほとんどでしょう。

ですが、パソコンやネットが苦手な人たちの中を、自分が働く場所を選べば、そんな私でも「我らがデザイナー」です。弱者こそ目先の欲や常識にとらわれず、どこを自分が活きる（生きる）場所に選ぶか、慎重に見極めるべきです。

もちろん、IllustratorやPhotoshopが使いこなせるようになることを、排除する趣旨ではありません。そうなったらそれとして、自分より名人のいない場所を探せばいいのです。

第2章

独立・起業のテーマは
ありふれたもののくらいがちょうどいい

2-01

やりたいことよりも絶対にやりたくないことから逆算する

仕事で精神を病まないためには、嫌なことをやらないのが第一です。組織の中で働いている人は「なかなかそういうわけにはいかないよ、簡単に言うな」と思われるかもしれません。世間体がよくないから、食べていかなくては困るからなどと理由をつけて日々をやり過ごせているならば、それを続けるべきでしょう。ですが、本当にそれすらできない弱者にとっては、仕事などそんな甘いものではないのです。

大事なのは、組織の中にいても常に「ひとり立ち」できる準備を整えておくことです。その準備の内容は人それぞれ、違っていいのです。会社を辞めて起業する場合、最低でも3年分の生活費を貯めてからでないと動けないというのもアリですし、勤めながら資格を取っておくということもいいでしょう。それによって、心に余裕ができて組織にいる苦痛が和らぐということもあるかもしれません。

起業はあくまでも、弱者が不快感を感じず生きるためのひとつの手段です。ですから、「絶対に起業するしかない」ではなく、可能な限り自由でなくてはなりません。

起業するとき、なぜその業種を選んだかというのは、人それぞれです。ありがちなのが、これまで勤めてきた業界で起業するというケース。知識や経験、業界内の人脈もあるでしょうし、古巣の顧客や部下を連れていくので、創業当初からある程度の売上も見込めるといったパターンです。融資をする金融機関等が安心するモデル。一概には言えませんが、このケースは強者の起業であって、本書が想定する起業・独立とは少し異なります。いずれにしても、「起業のネタ」を決めるときは、やりたいことよりも、絶対にやりたくないことを明確にした上で、逆算して考えるべきです。

やりたいことに目がくらむと、やりたくないことがついてきます。美容師の仕事は好きだけど、街頭でビラ配りをさせられるのはつらい。パソコンで黙々と事務作業を行うのは得意だけど、知らない人からの電話に出るのが怖くて仕方ないということもあるでしょう。

「やりたいことをやる」ということは、必ずしも「やりたくないことをやらない」にはならないのです。

やりたくないことがはっきりしていれば、やりたいことに対しても、一歩引いて考えることができます。よく考えてみると、そんなにやりたいことではなかった、ということがわかるかもしれません。また、やりたくないことが「業界の常識」だったとしたら、それを取り除くことで、同業者との差別化やニッチの分野を確立できたり、イノベーションを起こすことができる可能性もあるでしょう。

そして自分がやりたくないこと、嫌いなこと、苦手なことを得意としている、生業としている人は世の中に必ずいます。さらに、自分にとっては当たり前のことができなくて困っている人もまた、存在するのです。

絶対的に人づき合いが嫌という人は、そういないでしょう。ひとりで気楽に生きるためにこそ、ゆるやかなつながりを持つこと。嫌なことから逃げて生きるには、これをめざしましょう。

絶対にやりたくないことを、まずは10個くらい書き出してみてはどうでしょうか。それくらいなら、そんなに悩まなくてもすぐ出てくるでしょう。その10個からは、何が何でも逃げ回りましょう。そして、11個目以降の項目とは上手に向き合い、やり過ごしていく方法を考えてみるのもいいでしょう。

多数派が嫌がることだけど、自分にはそれほど苦ではないといったことは、「飯の種」になりやすいものです。

やりたいことというのは、実は純粋に自分の意思というよりも、世間の常識というフィルターがかかった上でつくられた心持ちであるという場合は少なくありません。自分はこういう人生を歩んできたから、これくらいのポジションがふさわしいのだ、といった具合に。本当のところ、自分が心からやりたいことを見つけるというのは、よほどの天才ではない限り、とても難しいことなのです。

2-02

弱さの違いに合った独立・起業の方法とは

できない者は切り捨てるのか、という批判もあるかもしれませんが、これはもう時代が変わったのだから仕方ありません。組織の中に救いを求めるのはやめるべきです。

少し前まで組織に属するというのは、その組織や上司に言われたとおりに働いて、被った痛みの代償が給与やボーナス、福利厚生費等々になるということでした。しかしながら、もう今は違います。真っ当な組織ほど、そのように考えている人材は求めていないでしょう。組織の中に、単なるプロジェクトの域を超えた独立組織をつくって自律的に取り組む人こそ、これからの組織人のあるべき姿です。

組織にいる以上、必ず批判はあります。足を引っ張る人も出てくるでしょう。何より、自由にやれと言っている張本人である上司たちこそ、否定的な態度を取るはずです。だけど、それでもこれからの組織人は、それを打ち破らなければなりません。既成事実さえつくってしまえれば、誰も文句の言いようはありません。それでいづらくなるような組織なら、さっさと転職すればいいのです。あなたほどの人を、他のところが放っておきません。

そんな人は、以前であれば組織全般、とくに会社では厄介な存在であり、異端者でした。そういうわけで、相対的に組織社会においては弱者だったのです。だから組織で言われたとおりに働くのが嫌で、食べていくためにやむなく起業といったタイプの人には恵まれた時代になりつつあります。ですが、自分は押しが弱く、組織や上司からいいように使われてしまいがち。つい、自分から嫌われ役を引き受けてしまうし、根回しなどの社内政治も苦手。このようなタイプの組織嫌いさんはどうすればいいのでしょうか。そういう人こそ、ひとりで起業しましょう。

ひとりで起業するのに、誰かからつべこべ言われる筋合いは基本的にありません。取引先が嫌な相手ならつき合わなければいいし、こちらが顧客を選ぶのも自由です。起業するのに、配偶者やパートナーがいる人は、その説得が最初の大仕事でしょう。あとは、融資や出資を受ける場合、その相手方からの口出しや助言に耳を傾けなければならないのは、ある程度仕方ありません。

コロナ禍でのリモートワークや時短営業は、近代に植えつけられた、働くということの概念に一石を投じました。別に毎日会社にいなくても仕事はできるじゃないか、ということで、起業という選択肢が身近に感じられるようになったという人もいるのではないでしょうか。

ここで明らかにしておきたいのは必ずしも、「組織が苦手な人＝人づき合いが苦手」ではないという点です。組織の一員でいたらそのよさが発揮されないのに、私のように「個」としてならば、「自分以外の個」や「総」や「全」とも上手につき合っていける人というのもいます。

自分のことを、組織も人も苦手なタイプと思っている人は、まず些細なことでもいいので、身近な人を喜ばせてみましょう。

私は心理学の専門家ではありませんが、ブレーキばかり踏んで、無意識に自分を否定するための材料を探しているような人が、その心の中の雑音を取り払うには、小さな成功体験を積み重ねていくのがいちばんです。

世の中には、いざとなったら誰かが責任を取ってくれると思うことで安心できる人もいれば、万が一のときは自分だけの責任だから大丈夫と思えることで、細かいことを気にせず仕事ができる人もいるでしょう。どちらがよい悪いではありません。

自分の強みではなく、弱みから考えてみたとき、あなたにふさわしい働き方とはどういうものでしょうか。

2-03

業種はわかりやすく、中身で差別化する

「きまじめでやさしい弱者」の独立・起業には、誰もがわかりやすい業種を選びましょう。田舎のおばあちゃん、おじいちゃんに説明しても、すんなり理解してもらえる仕事が理想です。

たとえば、何の会社を経営しているのか訊かれて「不動産屋です」と答えたら、ほとんどの人が呑み込めるでしょう。少し知識のある人なら、「仲介ですか、建売とか開発ですか」などと突っ込んでくれるかもしれません。

ですが、「NPO専門のコンサルタントです」と言ったらどうでしょうか。大概、不思議そうな顔をされるか、うさんくさそうに見られます。「○○コンサルタント」や「××評論家」などというのは、名乗った者勝ちというところはありますが、存在そのものが隙間産業と見られることもあり、その知名度を自分が上げていくということには、それ相応の熱意や才能も必

要となります。「きまじめでやさしい弱者」にはありふれた仕事を選んで、その中で同業者との差別化を図っていくことをお勧めします。

そうした点も踏まえて、資格を取って独立・起業するのはイチ押しの方法といえるでしょう。何かしらの権威がお墨つきを与えてくれる資格には、国家資格と民間資格があります。膨大な数の資格があるのですが、できれば独占業務のあるものをお勧めします。その有資格者しかできない仕事や、有資格者しか名乗れない名称独占資格のことです。

たとえば、ファイナンシャルプランナー（FP）という職業があります。顧客から、家族構成や収支状況などをヒアリングし、資金計画やライフプランを設計する仕事です。それ自体は、無資格でも行うことができますし、FPという名称自体は誰が名乗っても法に触れることはありません。ですが、FPとして仕事をしている人は、「ファイナンシャル・プランニング技能士（1級〜3級）」という国家資格を保有しているのが一般的です。ファイナンシャル・プランニング技能士のほうは、資格試験に合格して初めて、名刺などに肩書きとして記載することなどを認められます。

一方で例を挙げると、税理士を名乗って仕事ができるのは、税理士会に登録している人だけです。試験に合格しただけでは、税理士ではないのです。税理士になるには、税理士試験に合格するか（受験資格あり）、弁護士や公認会計士であること、一定の実務経験があることが必要となります。原則的に、税金に関することやその書類作成、相談業務といったことは税理士の独占業務で、税理士以外の者がそれを行うことはできません。FPや不動産屋が顧客からの質問に対し、ごく一般的な税の知識を伝えることはOKですが、それ以上踏み込む場合は税理士の領域になるということです。

なんとなく、国家資格のほうが偉そうですが、そこは資格によりけりです。国家資格で知名度が高いものであっても、自己啓発以外に社会では大して重宝されない仕事もあるので注意が必要といえます。翻って、日商簿記検定のように国家資格ではなくても、ステータスの高い資格もあります。ちなみに、中卒や高卒では税理士試験を受験することはできませんが、受験資格のない日商簿記1級の合格者であれば学歴や職歴に関係なく、税理士試験に挑戦することが可能です。

税理士さんの中にも、表の社会からは色眼鏡で見られがちで、かつ経理などをきちんとやっていない業者も多いといわれる風俗業界にフォーカスして成功している人や、中小企業の会計業務といった一般的な税理士の仕事よりも、税理士の営業・顧客獲得に特化して、同業者を相手にノウハウを伝授してうまくいっている人などがいます。

「居酒屋」、「介護施設」、「税理士」、「不動産屋」などのように入口はわかりやすく。そして、その中でとことん差別化しましょう。「きまじめでやさしい弱者」の独立・起業の入口は、ありふれていて、地味なくらいがちょうどいいでしょう。

2-04

個人事業主と法人の違いについて

商売の基本は「何かを仕入れて、仕入れ値よりも高く売る」こと。それを可能にするのが付加価値というものです。なぜ、あなたなら100円で買える（仕入れる）ことができるものを、私は200円出してあなたから買わなければいけないのか。＋100円分の付加価値はあなた独自の仕入れルートかもしれないですし、ひょっとしたらあなたの笑顔や人柄かもしれません。いずれにしても、私はその付加価値に納得してお金を支払うわけです。

独立・起業にお金はいらないとか、ネットを駆使して自由に生きていくみたいな話は私も好きです。しかしながら、それを可能にできるのも、才能や熱意、偶然の要素によるものと感じます。「きまじめでやさしい弱者」は、できるだけオーソドックスに行くべきです。とはいうものの、ひと昔前と違って今は才能や熱意のある人たちが、便利で経済的な起業向けツールをいろいろ用意してくれています。

それはそれとして、**起業するときに「個人事業主」か「法人」のどちらを選ぶか。**その違いは何かということを説明します。

法人を設立しないで、個人で事業を営む人を個人事業主といいます。普通は納税地の税務署に「開業届」を提出して事業を開始します。フリーランスもおよそ同じような意味です。個人で事業を営む場合、確定申告は決算月を12月とすることが法律で決まっています。当年の1月1日から12月31日までを1期とし、税務署へ書類を提出します。

一方、**「権利義務の主体となること」を法律で認められた団体のことを法人といいます。**こう言うと難しそうですが、株式会社や合同会社などをイメージしてもらえればいいでしょう。たとえば商売上、何らかの契約をするとき、個人事業主の場合は事業主本人（個人）である○○工務店代表の△山×子さんが主たる契約者となります。しかしながら、○○工務店が株式会社であれば、主たる契約者は株式会社○○工務店、保証人が代表取締役の△山×子さんということにもできるということ。これが、権利義務の主体となることです。

個人事業主と法人、どっちがいいということはありません。税金等の関係やこれからどうしていきたいかなど、それぞれの事情に合ったほうを選べばよいでしょう。弊社の場合は個人事

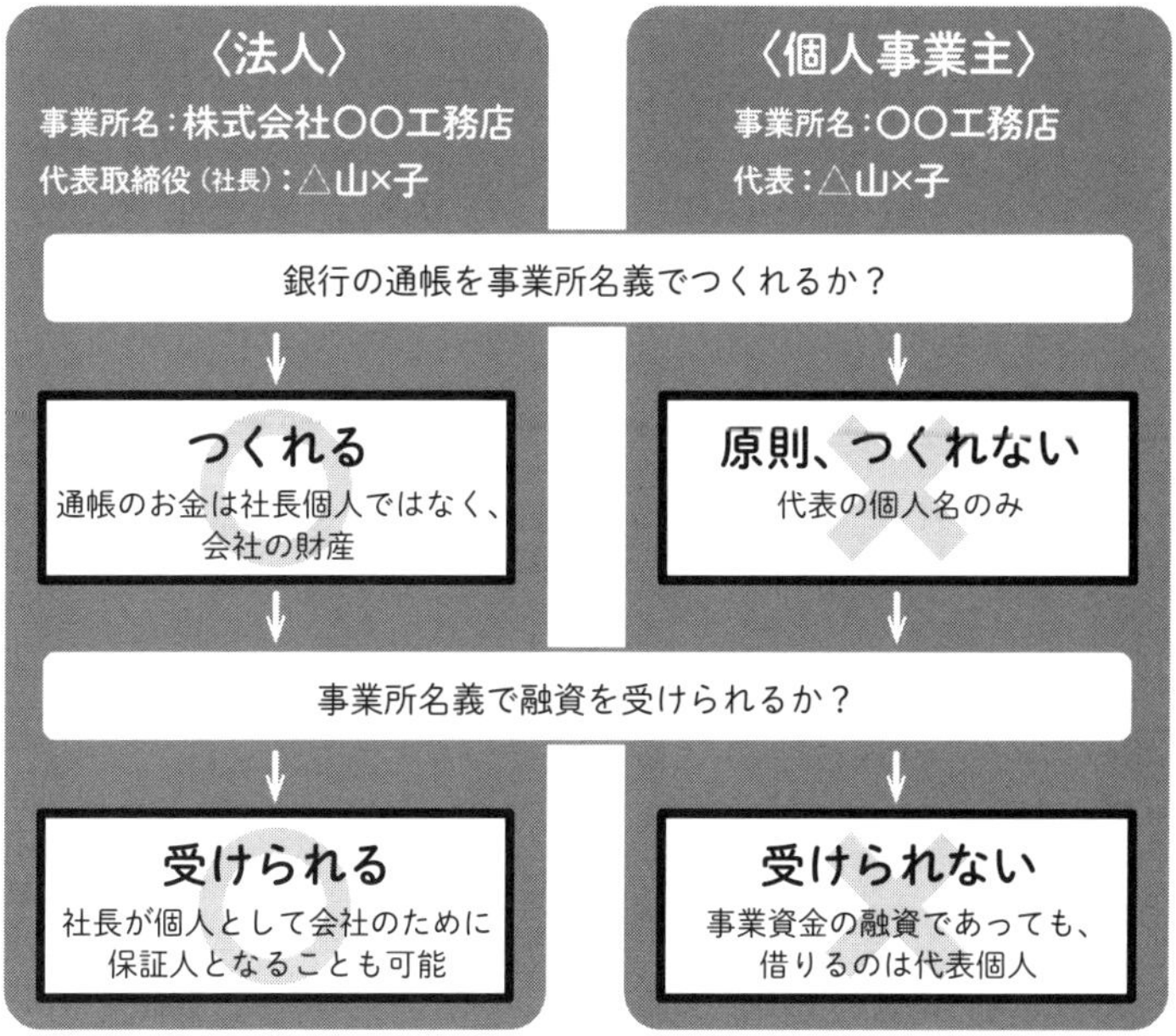
〈法人〉
事業所名：株式会社〇〇工務店
代表取締役（社長）：△山×子
〈個人事業主〉
事業所名：〇〇工務店
代表：△山×子
銀行の通帳を事業所名義でつくれるか？
つくれる
通帳のお金は社長個人ではなく、会社の財産
原則、つくれない
代表の個人名のみ
事業所名義で融資を受けられるか？
受けられる
社長が個人として会社のために保証人となることも可能
受けられない
事業資金の融資であっても、借りるのは代表個人

【権利主体の例】

業でもよかったのですが、不動産業という特性上、法人格があったほうが対外的な信用にもつながると考えて、合同会社として法人化しました。２０２１年８月現在、社長も従業員も私ひとり。個人事業主でも、たくさんの人を雇用して事業展開されている方もいます。事情はそれぞれということです。

法人は営利法人、非営利法人の２つに分けられます。営利法人で身近なものに株式会社があります。株式会社は事業で得た利益を株主などといった人々に分配することができます。他方、非営利法人には特定非営利活動法人（NPO法人）や社会福祉法人などが知られています。非営利といっても、お金を稼いではいけないという意味ではありません。

事業で得た利益は分配せず、すべて組織の活動費用に充てるという点が営利法人との違いになります。ちなみに、非営利法人のスタッフの給与は分配利益ではなく組織の活動費用です。日本の非営利法人はお金のないところが多いですが、年収1000万円級のNPO法人スタッフなどが増えれば、もっと夢のある仕事になるし、社会全体にもよい影響があるでしょう。

日本のNPOはもっと稼ぐべきです。ついでに、NPOとNPO法人はよく混同されますが、ただのNPOという場合はNPO法人も含めた非営利団体全般を指すというのが本来は正しい使い方になります。

あなたが独立・起業する場合、個人事業主か法人にするか。法人にするなら、どの法人格がよいか。**ずばり、最初は個人事業主がいいです。**法人化は儲かってからでも遅くありません。

2-05

独立・起業するのにお金はあんまりいらないけれど

独立・起業するのにお金はあるに越したことはないですが、あればあったで何でもお金で解決できてしまい、成長や革新も起こりにくくなるでしょう。

絶対に削れない費用というのも、業種によって異なります。あなたがまだまっさらな状態であれば、できるだけお金のかからない業種を探して選んだらよいでしょう。飲食店や工場などは設備費用がかかりがちです。一方で、モノではなく知識を売る業種や場所を問わない業種などであれば、開業のコストを抑えやすいです。学習塾などが該当するでしょう。

宅建業（不動産業）も、他の業種に比べれば初期投資が少なめでも始められる業種です。いちばん大きな費用は宅建業の免許を受けて供託する1000万円ですが、これにはグンと抑える方法があります。それは業界団体へ入会することで、この方法なら年会費諸々100万円前後で済みます。自宅で開業、パソコンなどの道具等々は私物を活用するということであれば、本当にお金はかかりません。不動産業もいろいろなので、自分で物件を仕入れてリノベーションして売ったり貸したりするなら、もちろん元手が必要。ですが、市場に出ている物件の仲介であれば基本的に仕入れもありません。

不動産業もそうですが、業種によっては行政への許認可や届出が必要なケースがあります。たとえば、飲食業なら保健所の許可を受けなければ開業できません。中古品を買い取るリサイクルショップを経営するなら、警察署に古物商免許をもらう必要があります。ちなみに、不動産屋を始めるには都道府県知事の許可（支店が複数の都道府県にまたがる場合は国土交通大臣の許可）が必須ですが、印紙代で3万3000円かかりました。日本には1万～2万種類の許認可申請があるといわれます。心配なときは、許認可の専門家である行政書士に相談してみるといいでしょう。

会社をつくる場合、株式会社も合同会社も資本金は1円から設立が可能です。とはいうものの株式会社は印紙代などで25万円程度、合同会社なら約10万円がかかります。手続きを専門家に依頼する場合、その報酬も見積もっておく必要があるでしょう。

資本金はその会社の事業規模や体力、いざというときにすぐ調達できる金額の目安にもなります。ですから、銀行からお金を借りて事業をどんどん拡大させていきたいというような会社なら、資本金は多いほうがいいでしょう。履歴事項全部証明書という会社の戸籍謄本は、誰でも申請することができます。それを見れば資本金の額はわかってしまいますが、普通の人はわざわざそんなものは見ませんし、資本金の額をウェブサイトに載せなければいけないわけでもありません。もし特別な理由がないなら、資本金はいくらでもいいと思います。そんなところで見栄を張る必要はありません。

金融機関などからの借入は、「きまじめでやさしい弱者」の独立・起業ではあまりお勧めできません。ですが**300万円くらいまでの創業資金であれば、それほど借りるのは難しくないということは覚えておくといいでしょう。**よほどいい加減な事業計画だったり、直近で金融事故があったりするとケースバイケースですが、相手も商売ですから過度に恐れる必要はありません。担当者がいけ好かない奴に当たる場合もありますが、そこは我慢しましょう。目的は融資を引き出すことであって、自分の誇りを守ることではないのです。

補助金や助成金もぜひ活用したいところです。書類の準備がめんどくさくてわかりにくいものが多いし、とくに補助金の申請が通過するかどうかは、融資より難しい面もなきにしもあらず。また補助や助成が決まっても後払いというケースがほとんどのため、対象事業の終了までは自費で立て替える必要があるのも難点ですが、返さなくていいお金であることは魅力です。

2-06

クラウドファンディングは楽しい

インターネットを通じて、不特定多数から資金を調達する手段であるクラウドファンディング（CF）。今やすっかり資金調達の方法として定着した感があります。**CFのよいところは単に資金調達だけにとどまらず、実行すること自体が広報宣伝や市場調査、課題の啓発につながるところです。**

CFにはいろいろありますが、「購入型」と呼ばれる支援をすることで物品やサービスを返礼品（リターン）として受け取れるものが代表的です。そして、設定した目標額に達しなければ1円も受け取れず、集まったお金は支援者へ返金されてしまう「All or Nothingタイプ」と、集まった分はもらえる「All inタイプ」があります。前者のほうが、実行者も見ている側も、何としても達成させたいと盛り上がり、資金も集まりやすい傾向はあるのですが、そこは一長一短です。All or Nothingの場合は、達成しない限り運営会社へ支払う手数料は発生しませんので気が楽です。

ＣＦで大事なのは準備です。それがすべてと言っても過言ではないでしょう。まず、運営会社のサイト内に、自身のプロジェクトページを作成すること。とはいってもブログを書くようなものなので、特別なウェブの知識は不要です。そして、開始日までにある程度の支援者を募っておきます。

ＣＦをネット上に設置した募金箱くらいに考え、やりさえすれば見ず知らずの人から支援が入ると考えているような人もいますが、それは違います。スタートしたばかりのプロジェクトへ、自分が最初に支援金として大事なお金を入れるというのはけっこう勇気がいります。しかしながら、盛り上がっているように見えるプロジェクトなら、参加しやすいのが人の心理です。まずはあなたの「既存のファン」ともいえる、家族や友だちに支援してもらいましょう。スタートから最初の5日間で、目標額の10％を超えると達成率が高くなるともいわれます。

これまで主体的なプロジェクトから、ちょっとしたお手伝いまで含めるとけっこうな数のＣＦにかかわってきました。ですが、初めて経験したＣＦのことは今でも忘れられません。児童養護施設のある福祉施設へ入職したばかりのことです。

その施設の園庭には、ポーランド大使館から施設の子どもたちへ贈られたオブジェがありました。ところが輸送中にすでに壊れた箇所があったことや、かなり大きなもので室内での展示が困難だったことから雨風にさらされてボロボロの状態でした。

日本のある展覧会で入賞した芸術作品でもあり、近所の業者に屋根や窓の修理を依頼するのと同じ感覚でお願いするというわけにはいきません。修復して、改めて除幕式でもやったらいいねという話はあったものの、作者はポーランド在住の作家でもあり、招へい費用などの工面が難しく、そのままになっているという話でした。そこで私がＣＦで資金調達を行うことを提案したというわけです。

とはいうものの、当時はＣＦに今ほどの知名度もなく、私自身もぼんやりとしか知らなかったし、会議では「何だそれは、危険ではないのか、そう簡単にうまくいくわけがない」と散々な言われようでした。必要資金の一部である50万円を目標とする、40日間のプロジェクトは結果的に53万３０００円を集めて達成となりました。終了日が迫り、失敗に終わることを覚悟し始めたとき、複数回に分けて約30万円を支援してくれた方が現れ、達成となったのです。

それだけのお金を支援してくれるのは、きっと見るからにお金持ちそうな年配の方だろうと勝手に思い込んでいました。ところが、招待させていただいた除幕式に来られたのは派遣社員をされているという、物静かな若い女性でした。ポーランドの文化が好きで、何か自分にできることはないかと思っていたところ、プロジェクトを知ったとのこと。余裕資金ではなく、一生懸命に貯めたお金で支援してくださったことがわかり、胸が熱くなりました。

目標額は数万円でもいいから、開業資金をＣＦで募ってみてはどうでしょうか。思わぬ感動があるかもしれません。

2-07

自分にとってフツーのことは案外売れる

本とは実にコストパフォーマンスが高いものです。わずか1冊1500円くらいで、他人の人生や知識を追体験できるのですから。その知識や経験に、その著者がどれだけの労力やお金を費やしているかと思えば、とてもありがたいものです。だけど意外に著者本人からすれば、それらはほとんど当たり前のことであったり、周りから言われて初めてその価値に気づいたりといったこともあるのではないでしょうか。

自分が普段行っていることはごくフツーのことと思っていても、別の世界や業界に生きている人からすれば、驚いたり感心したりすることの宝庫です。

本人からすれば隠したいような失敗談さえ、他人からすればお金を払ってでも聞きたい、知りたい話だったりします。『しくじり先生　俺みたいになるな!!』というテレビ番組もありますね。

自分の特性の中で、お金になりそうなことは何でしょうか。そんなものはないという人が大半ですが、ほとんどの人が何らかの役務を提供して、それをお金にかえた経験があるでしょう。難しく考えなくても、学生さんならアルバイトや親御さんのお手伝いをして小遣いを稼いだことがあるのではないでしょうか。

インターネットもデジカメもなかった私が子どもの頃。重たい父親のフィルムカメラを借りて、大相撲の巡業や本場所で撮影した写真を焼き増ししました。雑誌の情報交換コーナーなどに投稿して、1枚100円くらいで売りさばいたのが私の原点です。

今なら、肖像権などいろいろな問題がありそうな行為ですが、当時はこちらの自宅の住所や固定電話の番号も雑誌に掲載されるようなゆるい時代でした。

私は相撲が好きな人たちに代わって有名力士や興行の風景を撮影し、写真をその報告書として他人に提供することで報酬を受け取っていたとも言えるわけです。双方向のコミュニケーションが楽しかったからやっていただけなのですが、大人相手に生意気なガキですよね。

自分の知識や経験をお金にかえる手っ取り早い方法として、セミナーや勉強会、講演会などを行うという方法があります。それこそハードルが高いと思わるかもしれませんが、カフェなどで1人か2人くらいを相手に何かを説明するのだって立派な講演会です。きちんと伝えられれば雄弁に話す必要もないし、むしろこういうイベントは自分よりも、参加者にたくさんしゃべらせたほうが、顧客満足度は上がるという統計もあるくらいです。

ちなみに、日本では相談やアドバイスなどといった、無形のサービスにお金を支払うという感覚が乏しい傾向があります。ですから会社でも成果よりも「がんばっています！」という形のほうが重視されたりします。無駄に長いだけで、誰も読まない報告書をせっせと残業して作成するといったことがまさにそれです。

自分がしゃべりたくなければ、主催者となって語り手を探してくればいいでしょう。「講演をしてください」とアプローチしたら、自分には人様に聴かせるほどの話はないと引いてしまう割に、本当は自分の話を聞いてほしい人ばかりなのがこの世の中です。

また、主催者になることによって参加者の情報を握ることができます。講演の参加者は、そのテーマに関心のある間違いのない見込み客といえるでしょう。博打がそうですが、胴元《どうもと》がいちばん得をするようにできているのが世の常です。

私の友人である深川薫さんは、「マイヒストリーの会」というお話会を主宰していました。

マイヒストリーの会　～自分の半生を90分語り合い、聴き合う会～
2017-05-28
人は見た目が１割
「人は見た目が１００パーセント」というドラマが
放送されていたり、
少し前に「人は見た目が９割」という書籍も
話題になっていたように思います。

マイヒストリーの会ブログ
https://my-history-manager.hatenablog.com/

マイヒストリーの会は「普通の人の半生に黙って耳を傾ける」という会。ブログには、「自分の人生を90分語って心を開いて、仲間の人生を90分聴いて心を通わす」とあります。大人になって知り合った友だちが、これまでどういう人生を歩んできたかということはけっこう知らないもので、参加してみると驚きや発見がいろいろありました。

ちなみに私も語り手を務めたことがあるのですが、私自身のことよりも波瀾万丈の人生を歩んできた両親（母は病気で寝たきりですが存命）の話にインパクトがあり過ぎたようで、2人においしいところ（？）を全部持っていかれてしまいました。

2-08

熱気に包まれる狭い場所をつくろう

百貨店が苦境に立たされています。暮らしに不可欠なスーパーマーケットなどでの買い物とは違い、百貨店にはステータスや、非日常体験を買いに行くという側面がありました。コロナ禍による外出の自粛は、そうした百貨店のビジネスモデルに大きな影響を与えています。加えて、百貨店はだいたい、その地域でも地価の高いエリアへ出店していることが多いので、高額な賃料は経営を圧迫します。

とはいうものの、百貨店はコロナ以前からもう、ネットでの買い物が普及してきたことによって、すでに難しい局面にありました。理由はさまざまにあるでしょうが、世の中が「何でも屋さん」を必要としなくなったからということは大きいのではないでしょうか。

私が子どもだった1980年代頃はまだ、百貨店やファミリーレストランといった場所へ親に連れられていくことは大きな楽しみでした。ですが、今はもう買い物だけならアマゾンなどでほぼ済みますし、ステーキが食べたいときはファミリーレストランよりもステーキ専門店を選ぶ時代になっています。

趣味や嗜好も細分化されており、中途半端に大きいだけのリアル店舗である百貨店では、そうしたニーズに対応することもできなくなっているのです。

小さく、そして先鋭化して差別化すること。モノよりも体験を重視すること。

これはビジネスに限らず、今の社会に生きる上での全般的な必要的考え方ともいえるのではないでしょうか。

コロナの下では密の状態を避けなければいけません。ですが、**イベントや勉強会などの会場は、できるだけ狭いほうが熱気に包まれます。**

たとえば20席で面積も小さい会場に20人を上回る参加者があれば、急遽パイプ椅子を用意する必要がある、やれ立ち見が出る、配布資料が足りないから後日送りますなどとあわただしくなり、その雰囲気は参加者にも伝わります。会場から人があふれてしまい、会場の貸主や周辺住民から怒られてしまうかもしれません。わかっていて迷惑をかけるのは好ましくありませんが、主催者としては成功といえます。参加者もよそで話題になったとき、会場をあふれるほどの盛り上がりだったと言いふらしてくれるでしょう。

ところが定員100人の会場に30人の参加では、会場はスカスカです。しかも普通は広い会場のほうがレンタル料も高額になります。もちろん、イベント等を開催するテーマや目的によっては、定員の厳守やスペースの余裕が参加者の満足度を高めるということはあるでしょう。

独立・起業のネタも同じで、狭くてニッチなものほどうまくいきます。「きまじめでやさしい弱者」の独立・起業について、**大分類は本章の3でも述べたように、誰もが理解しやすいありふれたものが理想です。その中で小分類は大分類の中でも1割以下のものをめざします。**

東京都調布市で手づくり菓子店の「ポンチキヤ」を営む坂元萌衣子さん。ポンチキヤはポーランドの伝統的な菓子「ポンチキ」の製造・販売に特化した小さなお店です。ポンチキは丸いあんドーナツのような見た目のかわいいお菓子。おそらく日本で他に扱っているところはほとんどないでしょう。もともとはウェブショップとクルマでの移動販売のみでしたが、口コミで評判が高まり実店舗をオープンされています。今では、ポーランド大使館からも大量の注文が入るほどです。

ポンチキヤの場合、上記にあてはめると大分類が「飲食・小売」で中分類が「菓子製造・販売」。小分類でポンチキというところでしょうか。「私は古典的な商売しかできませんから」と

ポンチキヤウェブショップ
https://poland.saleshop.jp/

笑う坂元さん自身にビジネス戦略という意識はなさそうですが、結果的には単なるお菓子屋さんの枠を超えた狭い場所を選んで（つくり出して）、熱気を生み出している好例となっています。

2-09

とりあえずやってみれば、準備すべきものや課題は見えてくる

基本的に組織を離れるには勇気が必要と感じているなら、わざわざ離れなくていいでしょう。言うまでもなく家業を継がなければいけない、親の介護をしなければならないなど、組織を離れてやるべきことがある人は別です。また、理想の組織というものが別にある人も、ぐずぐずしてないでさっさとそれを見つけて飛び出しましょう。勇気を出してください。

そもそも自分は組織というものがダメなのだ。仲間から大切にされていても、仕事が嫌なわけではなくても、組織の一員であるというだけで自分が自分ではなくなってしまうのだという人は、早く離れて起業しましょう。

私など、たとえば車窓から大きな工場や倉庫などが見えただけでも、そこにいるたくさんの人の群れを想像してめまいがするくらいです。

組織は嫌だけどそこまでではないという人は厳しい言い方ですが、単に視野が狭くなっているだけ、甘えているだけの可能性があります。もう少し、自分のことを掘り下げてみてくださ

い。世界はあなたが考えている以上に、ずっと広いはずです。

だから私は「きまじめでやさしい弱者」であるあなたには言いたい。何はともあれ、とりあえずやってみればいいのだということを。動いてみることで、準備すべきものや課題がはっきりしてきます。いくら準備に時間をかけたところで、ここまでやれば安心して始められるというタイミングは永遠にやってこないと知りましょう。とりあえず自分はランナーなのだと宣言してトラックをゆっくり走り出してしまえば、誰かが「ランニングシューズは長距離用のものがいいですよ」、「時計は心拍数や歩数などをカウントできるものがあると便利です」などとアドバイスしてくれます。

とりあえずやってみるって、具体的に何だろう。迷ったら、創業計画書（事業計画書）を作成してみましょう。

事業計画書の作成は頭の中の整理にもなるし、事業を始めてからウェブサイトや販促チラシなどをつくる際の材料にもなります。そして何より事業計画を立てることは、ワクワクする楽しい作業です。

事業計画書には、下記のような項目を盛り込むといいでしょう。

①事業の概要

自分がどういう事業をどういうふうに、どんなかたちで展開していくのかといった点をできるだけ簡潔にまとめます。たとえば、人通りの多い駅前で、カウンター席だけのお好み焼き屋をひとりで経営しますといったことをわかりやすく説明します。

②あなたの自己紹介

プロフィールの作成を通じて、自分が今までどのような経験や職歴を重ねて創業に至ったのか、自分の強みや弱みなどを見つめ直したり、どういう人間なのかを改めて考えてみたりする項目です。

③マーケティング戦略や自身の事業の特徴など

集客や宣伝の方法や他の同業者にはない自身の特徴などを明らかにしてみます。

④自分が創業する分野の市場の動向

市場の動向を示してみることで、自分の事業がうまくいく根拠や改善すべき点をはっきりさせます。

きます。

⑤販売先と仕入先

ぼんやりしていた販売先と仕入先を可視化してみることで、その他の可能性にもつなげていきます。

⑥向こう3年くらいの売上予想とその根拠

必要経費に対する売上。どうして創業年より2年目のほうが売上が上がるといえるのかなど、実際に数値化して示す項目です。

文字ばかりではなく、図や写真を入れるとよりわかりやすいものになります。あまり難しく考える必要はありません。まずは自分が自分の計画をちゃんと理解し、必要があれば他人にきちんと説明できるということが大事です。

金融機関などからの融資を申請する際は、所定のフォーマットによる事業計画書を提出しなければならない場合もありますが、オリジナルのものがすでにあれば、その分を作成するのも早く済みます。問われることは、ほとんど同じです。また、添付書類としてオリジナル版も併せて提出することで、先方の印象がよくなることもあり得るでしょう。悩んでないで、とりあえずやってみることです。

2-10

広告宣伝は面白いけど奥が深い

どんな業種にせよ、あなたが独立・起業してお客さんを迎える準備が整ったら、お客さんになってくれる人を探してこなくてはなりません。その時点ですでにお客さんがいたとしても、長い目で見て広報宣伝やPRが必要ないということはほぼあり得ないでしょう。意図的に起こしたものかどうかはともかく、口コミが起こるにもまずはあなたの口から何かを発しなければ始まりません。

広報宣伝といえば、最近ではネット広告が実効性の高い広告メディアとして知られます。何か欲しいものを探すときなど、今はインターネットで検索することがほとんどでしょう。そのときに自分が出した広告が表示されることによって、メリットが発生しやすいというのは自明です。そのネット広告にもいろいろなものがあって、自身のビジネスやブランドに合った広告の種類を選択することが必要になります。

多くの人がSNSを利用する現在はある意味、誰もが広告を発信できる時代です。発信するのは簡単なこと。でもその分、そこで確実に自分を見つけてもらうことは容易ではありません。

だからやっぱり、狭くて熱気に包まれる場所、簡単に自分を見つけてくれる場所をつくり出さなければならないのです。

とはいっても、口で言うほど簡単なことではないので、そういうことをちゃんとわかっている広告代理店やその道のプロの力を借りましょう。その際、プロに丸投げしようなどという受け身な姿勢ではいけません。また、「きまじめでやさしい弱者の独立・起業」では、そういうことをやってくれる誰かを雇うなどということは原則的に想定しません。自分もきちんと勉強した上でノウハウの提供とお手伝いをお願いすること。そして、あくまでも発信する主体は自分なのだということをお忘れなく。

伝統的な広報宣伝の方法には、交通広告や新聞広告などがあります。交通広告とは電車やバスなどの車内広告や、駅構内の看板広告などをいいます。多くの人は、そういった広告は見るものであって、自分が出すものだとは思いもよらないのではないでしょうか。ちなみにウェブサイト「電車広告ドットコム」によると、ＪＲ東日本の首都圏全線の中吊りポスターを1社で14日間買い切った場合、２０００万円（消費税別）かかるそうです。これを利用して、どういった利益が見込めれば効果があったということになるかは、会社や業種によってさまざまでしょう。当然、もっと小さくて掲示範囲も狭く、低額な広告もあります。

新聞や雑誌の記事で取り上げられることも、大きな宣伝効果につながります。インターネット全盛の時代とはいえ、紙媒体に対する人々の信頼はまだ高いといえます。その点、テレビも同じです。古くからあるメディアに取り上げられたというトピックが、SNS等を通じて拡散されていくのも最近の傾向ではないでしょうか。しかしながら、メディアで取り上げてもらうには、取り上げる側に気づいてもらった上で、さらに取り上げるだけのメリットがあると感じてもらわなければいけません。

プレスリリースとは、取り上げてほしい情報をメディアがニュースとして利用しやすいようにまとめて、文書化して資料としたものをいいます。内容としては、たとえば会社の新商品紹介や社長の交代、各種の記者会見の案内といったものが挙げられます。自分のことを取材してほしい、取り上げてもらいたいと思ったら、プレスリリースを配信してみるといいでしょう。こんなことをできるのは大きな会社だけではないかと思うかもしれませんが、そんなに難度の高いものではありません。メディアは常に新しい話題を求めています。つまらなかったら相手にされないだけのことです。

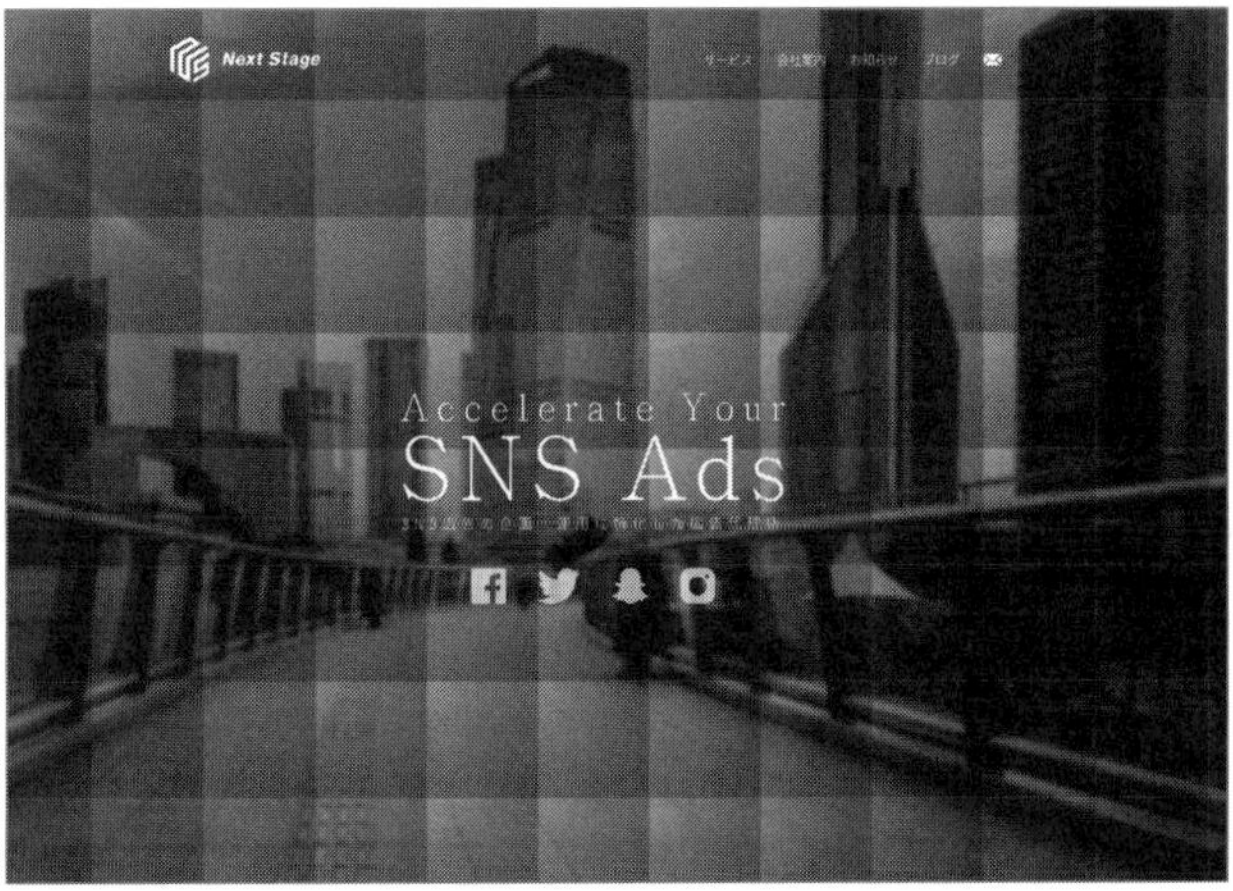

SNS広告の企画・運用に特化した広告代理店「ネクストステージ」
https://next-stage.biz/

　そうはいっても、まずは何をどうしたらいいのか。最近では、プレスリリース配信が簡単に行えるサービスもあります。自分が準備するのはアイデアと費用だけ。作成のノウハウやひな形、送付先も提供してもらえます。広報宣伝の世界は奥が深いので、いろいろ調べてみると世の中が見えてきて面白いですよ。

電車広告メディア検索サイト「電車広告.com」

https://www.densha-koukoku.com/

HARVEST（プレスリリース）

https://harvest.site/

第3章

自責から解放されることで、社会が見えてくる

3-01

「努力」に冷たい社会

今は努力しても報われない時代です。努力という姿勢や手段が、昔ほど有効な方法ではなくなっているというほうが、より正確かもしれません。

以前であれば、要領のよさよりも生産性のない努力のほうを重視するのが日本社会でした。成果がなくても、努力したというかたちがあれば社会の構成員のひとりとして、大きな顔をしていることができました。そして組織の中では、近道があることに薄々気がついていても、みんなと歩調を合わせていくこと。情緒的で浪花節的なそうした共犯関係のほうが重んじられていたのです。社会の側にも、それを許容しても循環させていけるだけの余裕がありました。

私は中身にかかわらず、努力した事実は評価されてほしいと思うほうですが、努力は努力でも「正しい努力」をした上で、その成果がすぐに表れないと、そこに価値はないというのが、私たちが生きる社会が出した今の答えなのです。

また、誰の言葉かは忘れてしまいましたが、自分が取り組んでいることを努力だと思った時点で、もうそれは自分がやるべきことではないというものがあります。本当に自分が夢中になれることなら、どんなにつらいことでも努力だとは感じないものだということです。

確かによく理解できます。努力という言葉には、どこか義務感が伴います。努力を努力だと感じない人生は幸せな人生です。しかしながら、これも「きまじめでやさしい弱者」は参考程度にとどめておくべきでしょう。こんな世の中で、そこまでのトランス状態になれるのもまた才能で、十分に強者の資格があると思うからです。

残念ながら、今の社会は努力に厳しい社会です。とくに「きまじめでやさしい弱者」は、従来型のレールの上を進んでいる限り、バカな奴らからいいように使われるだけです。今の社会はムチでしばかれることはあっても、死なない程度に飴玉を放ってくれる社会でさえありません。早く、逃げてしまいましょう。

私自身は、「きまじめでやさしい弱者」が「逃げる」ための最良の方法は起業だと考えています。そして今、起業することはそれほどハードルの高いことではありません。継続することのほうは大変ですが、できるだけ大変ではないようなやり方を探せばいいのです。組織の中で格好だけの努力を強いられて苦しむよりマシだと思いませんか。仕事は人生の多くの時間を占め、生きていくためのお金とも直結しています。

自分が生きていくために、月に最低いくらお金が必要かということを具体的に考えてみたことがあるでしょうか。価値観や考え方はいろいろですし、居住地によっても異なりますが、平均的な生活保護費に換算すると、ひとり暮らしで約12万円くらいです。起業すれば多かれ少なかれ別途、必要経費はかかりますが、毎月12万円くらいなら何とかなりそうと感じる人も多いのではないでしょうか。

ひとりで小さく起業して、誰にも文句を言われない中で、時には「ムダな努力」をしてみるのも乙なものです。ショックを吸収する「あそびの部分」のない人生とはとてもしんどいものではないでしょうか。好むと好まざるとにかかわらず、合理性の追求ばかりの世の中ですが、努力そのものは唾棄《だき》すべきものでもなければ、排除すべきものでもありません。しかしながら、若いうちの努力（苦労）は買ってでもしなさいというのは昔の話で、そこまでしてするものでは、もはやありません。

弱者と強者は相対的なものに過ぎないし、本当に「がんばれない人」にとっては、「ひとりで仕事ができるだけでも十分すごいよ」という話かもしれません。私に言えるのは、自分が見てきたものや感じてきたものに基づいたことだけです。ぜひあなたは他の人の意見を信じ過ぎず、あなたなりの立ち位置をつくれるよう「努力」してください。

3-02

業務委託契約とフリーランスに潜む危険性

個人事業主とフリーランスは税務の面でいえば同じ意味です。しかしながら、一般的にはひとりで飲食店を経営している人をフリーランスとは言いません。フリーランスと呼ばれる人たちの職種例、イメージとしてはITエンジニア、イラストレーター、翻訳家、デザイナー系などといった、事務所をもたずに自由に仕事をする人たちをさします。

フリーランスは組織に属さず、仕事単位で相手方と契約を結ぶ人のことをいいます。業務委託契約を交わすケースがほとんどでしょう。そして、この業務委託契約というものが一癖あって、せっかく自由な働き方を手にしたにもかかわらず、企業などから悪用される恐れがあるので注意が必要です。

雇用契約（労働契約）であれば、企業はさまざまな責任を負わなくてはなりません。労働契約法の基本原則として、契約の締結や変更は次の4つに基づいて行われることが定められています。

労働契約の基本原則

（1）労使の対等の立場によること
（2）就業の実態に応じて、均衡を考慮すること
（3）仕事と生活の調和に配慮すること
（4）信義に従い誠実に行動しなければならず、権利を濫用してはならないこと

要するに企業等にとって、人をひとり雇用すれば支払う給与以外にもいろいろ発生するし、簡単に解雇することもできなければ、さまざまな気配りが必要になるということです。ところがこれを業務委託契約として会社に縛りつけてしまうことができるとすれば、企業側は従業員を雇うような責任を負わずして、同じような働き方をさせることが可能な人材を確保できるというわけです。

正社員たちと同じように朝9時に出社して18時に退社。土日祝日が休みで残業や休日出勤もあり。だけど、社会保険もなければ労災もない。いざとなったら簡単に契約解除。会社としては、あなたを都合の悪いときだけ個人事業主扱いするというわけです。

過去には業務委託契約を結んでいるバイク便の配達員が、一方的に契約内容を決められていたなどの理由から、フリーランスなどとはいえず事実上の「労働者にあたる」とされた判例もありました。他にも同様の争いはいくつかありますが、職種などによってケースバイケースの結果となっています。

こうした点からも、**業務委託契約を結ぶときはきちんと契約内容にお互いが納得した上で行わなければなりません。**フリーランスの側も契約内容の作成をすべて相手任せにしないようにしましょう。またフリーランスとなっても、それまで勤めていた会社の業務を引き続き行うといったような場合に気をつけたいことは自分自身はもちろん、相手方にもけじめをつけてもらうことです。

その場合、もうあなたはその会社の従業員ではないのですから、不必要に振り回され続けるようなことではいけませんし、あなた自身も甘えていてはならないし、おかしな隙を与えてはいけません。組織というものは、きまじめでやさしいあなたにすぐ甘えてくるし、なめてかかってくるものなのでよくよく気をつけましょう。

もうひとつ注意を喚起しておきたいのは、フリーランスなどという比較的新しい働き方について、悪気はないけれどまだ理解しきれていない、フリーランスとの協業に慣れていない相手と仕事をする場合のことです。普通によく会社でも見かけて、従業員とも一緒に働いているあなたをやたらと指揮命令下に置こうとする頭の古い人もいるでしょう。

フリーランスというのは最終的に契約どおり、期待どおりの成果を提供することができればそれでいいのです。業務委託する側があいつサボっているのではないかなどといって、普段の行動を執拗に監視したり、今日は何をやっていたのかなどの報告書を提出させたりといったことは、基本的にナンセンスだといえます。仕事の途中経過くらい、ときどき報告すべきですが、極端な話、毎日寝ていても期日までに約束を果たせればそれでいいのがフリーランスです。

3-03

自分は悪くない、社会のほうが悪い

日本では子どもの頃から**「人に迷惑をかけてはいけません」**と教えられて育った人が多いのではないでしょうか。一見、反論の余地がありません。ところがインドの親は子どもに対して、**「おまえは人に迷惑をかけるのだから、他人の迷惑も許してあげなさい」**と教えるのだそうです。どちらがやさしいと感じますか。

2019年に発生した新型コロナウイルス感染症によって、職を失うなどして生活が困難になった人はたくさんいます。そんな人たちの中でも、若い人ほどギリギリになるまで我慢して苦しみ続けて、支援者などのところへ助けを求めてきたときには疲弊しきっている人が少なくないといいます。それはコロナ以前からの傾向でもありますが、なぜ生存権の問題なのに、そこまで苦悶してからでなければ助けてと言えないのでしょうか。これこそ、「人に迷惑をかけるな」の弊害です。

日本では権利を主張することも、助けを求めることも「迷惑」なのです。なぜそうなのでしょうか。歴史をたどりながら考えると壮大な話になり、簡単に言い切ることはできませんが、古くからのお上に従順な国民性に加えて現代人の多くはあらゆる仕掛けによって、「自分の頭で考えること」を封じられているからではないでしょうか。

教育の現場では建前ばかりしか教えず、お金の話や社会貢献、憲法の立憲主義などについてはほとんど触れられません。みんな社会に出て、あるいは大学生になって初めて人間の生々しさに直面してうろたえることになります。

そして社会に出たら出たで、企業や組織の一員として内向きの人間にさせられて、自分の外の世界のことを考える余裕などなくなってしまうのです。単純に忙し過ぎるということもありますが、ここで若いときの「政治のことや社会のことを論じるのはウザい、ダサい」といったような刷り込みが効いてきます。

昔観たアメリカ映画で、エイリアンが支配者階級となって、広告を通じて「消費しろ」、「文句を言うな」、「自由な思考を持つな」とサブリミナル効果を利用して人々の潜在意識を支配するというものがありました。暴発されてしまわない程度の暮らしは保障しつつ（最近はそれすら怪しいけど）、黙って飴玉をくわえていろ（消費しろ）という、まさにその世界です。

だから自分が生きづらいのは、不快なのは全部社会のせいということでいいのです。

自分がうまくいかないときは社会のせい、うまくいったときは助けてくれた人たちと自分の手柄。それくらいのつもりで生きていきましょう。困ったときはSOSを出しまくることと、必要な情報にたどり着くためのリテラシーを身につけておくことです。

こうなったのは自分の努力が足りなかったから、自分が怠けていたから、自分にも落ち度があったから強く言えない……そういう人が本当に多過ぎます。

「社会の構造が悪いから自分が努力できる環境になかった、社会が自分を拒絶するから何もできなかっただけで怠けていたのではない、私の落ち度はあるけどそれとこれとは別問題だ」そのように言ってしまえばいいのです。その上で、自分に足りなかったところがあると感じれば、こっそり軌道修正すればいいではないですか。

きまじめでやさしい人は、みんなにいい顔をしようとしてしまいがちです。かと言って、強く自己主張するのも嫌、できれば空気みたいに存在するから放っておいてほしい。そんなところではないでしょうか。空気みたいに存在しながら放っておいてもらう方法が私にはパッと思いつかないので、いいアイデアがあれば教えてほしいです。

だから今は1割くらいのコアメンバー（大事な仲間など）を大切にして、アンチや搾取しようとする奴らこそこっちから空気みたいに放っておいてやればいいと思っています。

3-04

この社会があるから幸せでいられる

世の中には働く人にこの仕事はやりがいがあるから、将来あなたのためになるからなどと言って、労働内容に見合わない安い賃金でこき使ってやろうという人がいます。東京大学の本田由紀教授が提唱した「やりがい搾取」という言葉が知られていますが、「好きなことを仕事に」といった気持ちを利用した、お金だけではない、心のピンハネともいえる行為でしょう。

ＮＰＯ・福祉関係などといった業界ほど、そういう傾向がなきにしもあらずなのは、悪気はなくても働く人に十分な賃金を支払えるほど稼げないという構造的な問題もあるでしょう。それゆえに、働く人の思いやりやりがいに甘えざるを得ないという側面もあると考えられます。

単純には言いきれませんが、社会インフラの整備や福祉・医療などといったことは本来、行政が責任をもってきちんと取り組むべき課題です。それを民間が取り組んでいることが美談のように伝えられることはよくあります。しかしながら、何でもお上に頼るのではなく、自主的に取り組もうという発想は一見まともなようで、行政が本来果たすべき責任を免除してしまうかのような面もあって、諸刃の剣だったりします。

こんなふうに、自分のがんばりだけではどうしようもないのがこの社会なのです。だから、自分がうまくいかないときに、自分ばかりを責めて病気にでもなるくらいなら、すべて社会のせいにしてしまえばいいのです。自分なんてちっぽけな存在であり、社会の側のほうが圧倒的に大きくて力を持っています。ゆえに、社会のほうこそ安易に精神論を押しつけてくるのではなく、こちら側が生きづらさを少しでも感じない環境づくりのためにもっと尽力すべきなのです。ここでは社会というのは政治であり、企業であり、家族であり、ありとあらゆるコミュニティの総称と考えてください。

社会が一個人を、「おまえの努力が足りない」などと切り捨てるのはお門違いというものでしょう。

一方で、不平不満を言って批判ばかりしていればいいかというとちょっと違います。否、別にそれでも構わないのですが、私ならそれではあまり生きていて面白いと思えません。やっぱり自分が苦しいのも社会のせいなら、自分が何かしらの幸せや喜びを感じることができるのも社会があるからなのです。

私はNPOに特化したコンサルティング事務所を経営していた関係から、寄付についてさまざまな研究を行っていました。その中でとても印象的だった結果のひとつに、世間で成功者と呼ばれて、多額の寄付を行っているような人の共通点として、まだ成功する前の貧しかった時代から何らかの寄付を行っていたということがあります。

億単位のお金を稼いで高額の寄付を行っている人は、たとえば月収が20万円だった頃でも毎月1000円や1万円といった寄付をしていたというような話で、お金持ちになったから寄付をするということではないのです。**結局、苦しい状況ばかりの中にあっても何らかの幸せの芽に気がつくことができて、それに対して今自分ができる精一杯の感謝を表せる人が成功するのだ**、かっこいいことだと考え、人間のできていない私も「痛い出費だなぁ……」と思いつつ、なるべくマネをするようになりました。

株式会社オープンハウスの荒井正昭社長は以前、とてもお忙しい中で20分だけ時間をいただいた際に、「自分が何らかの寄付をできる立場にあるとしたなら、それは社会があるからこそできるのであって、社会に還元するのは当たり前のことです。それがまさに納税ということでもあるのですが……」とおっしゃいました。

つらくて理不尽な現状をむやみに肯定することで、為政者や支配者層を甘やかしてはいけませんが、悪いところばかりを見ずによいところを積極的に見つけて感謝の念を抱く癖をつけることで、自分なりの幸せを引き寄せることができるのではないでしょうか。

3-05

寄付をすると幸せになれるって本当？

寄付については、あまり自分には縁のないものと考えている人はたくさんいるのではないでしょうか。

２０１６年に日本ファンドレイジング協会が行った調査によると、日本全体の個人寄付総額は７７５６億円で、推計人数は４５７１万人となっています。これを意外に多いと感じるか、少ないと感じるかは人それぞれですが、寄付は何もお金持ちだけのものではありません。赤い羽根共同募金にお金を出したり、コンビニのレジ横に置いてある災害支援の募金箱につり銭を入れたり、最近ならふるさと納税をしたことがある人もいるでしょう。これらはすべて寄付に該当します。

寄付は誰もが参加できる、気軽な社会貢献です。たとえば、あなたが女性の貧困やＤＶなどの問題に関心があるとしましょう。関心があっても、まず何をしたらいいかわからない。あるいは、何をしたらいいかわかっていても、さまざまな事情からそれを行うことができないなどといったとき、それをあなたの代わりに実行してくれる団体に寄付することで、その活動に参加することができるのです。

その団体が信頼に足る、大切なお金を寄付するのにふさわしい存在であるかどうかは、実際に接触してみるのがいちばんです。また、寄付を受け入れている団体を紹介してくれる組織や士業の事務所などもありますので、当たって見られればよいでしょう。

日本人の本来的な感覚としては、寄付のような「よい行い」は大っぴらにやるのではなく、こっそり行うのが美徳だという面があると思われます。しかしながら、これからは堂々とやったほうがいいです。SNSでハッシュタグなどをつけて「寄付しました」と投稿すれば、それを見た人が「あ、ここに寄付ができるのか！」とわかってくれます。

寄付に関する研究として、その人の幸福感を高めるということを証明した実験があります。まず、被験者にまとまったお金を渡して、「自分自身のため」グループと「他者のため」グループに分けて、当日中に使い切るように指示します。そして、実験の前後で被験者の主観的幸福感の変化を調べたら、「他者のため」グループのほうが「自分自身のため」グループに比べて、より大きな幸福感の上昇が確認されたそうです。

他にもその種の実験はあって、同様の結果となっているようであり、信じる者は救われるという話だけではなくて、寄付をすると幸福感がアップする可能性は高いと思われます。

ＮＰＯ（ＮＰＯ法人だけではなく社会福祉法人なども含む）で起業するとき、寄付金というのは大きな収入の柱になり得ます。**寄付は施しではなく、社会課題を可視化させ、解決させていくことへの対価です。**会社であっても、クラウドファンディングで集めたお金は広義の寄付に当たるともいえます。寄付について学んでみることは、どんな仕事をする時でも、どんな生き方を志向する場合でも役に立つでしょう。

寄付だけに限らず、非営利団体の資金調達全般を担うことをファンドレイジングといい、ファンドレイジングを行う人はファンドレイザーと呼ばれます。ずっと昔から、非営利団体で資金調達を担う人はいても、カリスマ性のある代表者や経理担当者がついでに行うというようなものでした。それが独立した立派な業務だという概念がほぼ存在しなかったのです。

ところが、社会を取り巻く環境の変化が、ファンドレイジングとファンドレイザーをメジャーな存在に押し上げつつあります。自然災害発生時の寄付やボランティアの盛り上がり、寄付税制やＮＰＯ法の改正、数々のクラウドファンディングサイトの誕生などは、寄付者とＮＰＯをつなぐ専門性のある存在の必要性を感じさせる変化といえるでしょう。

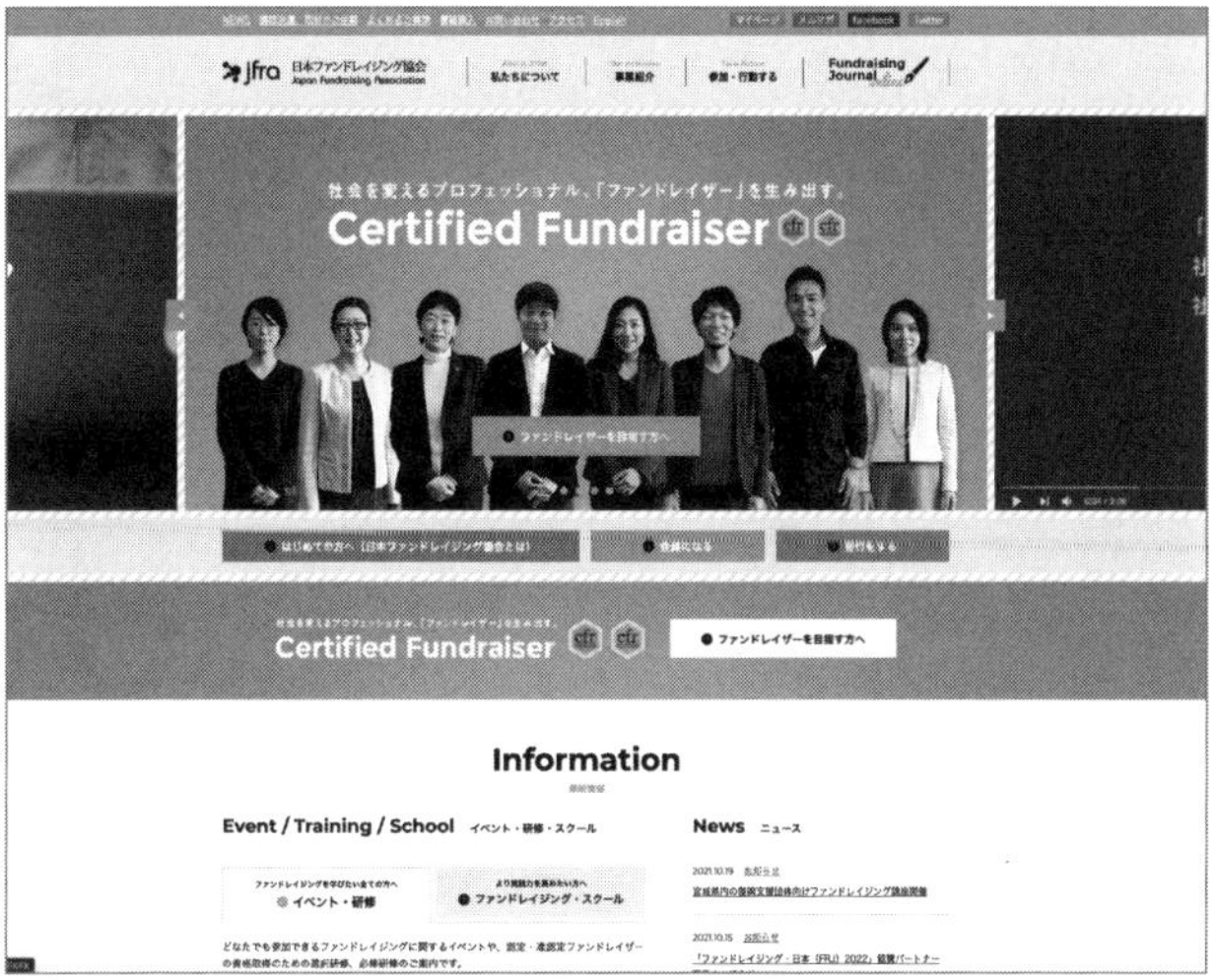

認定NPO法人 日本ファンドレイジング協会

https://jfra.jp/

3-06

寄付をしたら税金が安くなる場合がある

制度を利用して、本来の納税地以外の自治体に納税することで寄付の返礼品を受け取れ、寄付金から税金が控除される「ふるさと納税」。本来の趣旨としては、自分の故郷やゆかりのある町に寄付をすることで、返礼品は地域の特産品として、地域経済にも貢献できるというものです。

ところが、制度の知名度が上がって利用者が増えるにつれて、自治体の寄付者呼び込み合戦が過熱。返礼品にその地域とは関係ないものや商品券、家電品などいったものが登場するなど、その是非が問われました。

どこの自治体も税収減に悩む中での「営業努力」を、真っ向から否定するのもどうかとは思いますが、返礼品にふさわしい特産品のない自治体や「営業」があまりうまくない自治体との格差が開き過ぎるのもいかがなものかという視点はもっとももなものです。

また、税収が大幅に増えた自治体が存在するということは、本来であれば納税されるべき税収を奪われ、減収となった自治体もあるということになります。果たして、それが健全な状態と言えるのかといえば、疑問が残るところです。

結局、**納税者（寄付者）側の実質負担2000円で、やれ高級牛肉がもらえる、カニ鍋セットがもらえるといったようなことに熱狂し過ぎるある種の浅ましさが、自治体の呼び込み合戦を招いたといえるのではないでしょうか。**そういう利己的で、消費者的感覚が強い人たちの中からは必ず、生活保護費などに使うなんて許さないなどと、使いみちに文句を言うタイプの人が現れます。

そもそも寄付というものは、見返りを求める行為ではありません。見返りがあるとすれば、自分の寄付が受益者や不特定多数の誰かの利益になったということがそれでしょう。売上の一部が寄付になるといったような話とは違って、ふるさと納税における寄付者の感覚は、前提がおかしいように思います。

ただ私は、制度に問題があったとしても、財政難に苦しむ自治体がふるさと納税制度を天から降りてきた蜘蛛の糸として、必死に奮闘を重ねた事例も知っているので、それを易きに流れるなどと切り捨てることはとてもできません。

日本という国には、行政にも民間と同じような「改革」を求める一方で、役所は役所らしくふるまえとでも言うような倒錯した感覚を併せ持った人が一定数いることも、状況を複雑にしているのではないでしょうか。国が自治体に対して場当たり的にあれもダメ、これもダメと言うのではない、もっと抜本的な制度の見直しが必要だと思うのです。

寄付税制とは、認定NPO法人、特定公益増進法人（公益社団、公益財団、社会福祉法人等）に寄付すれば、寄付控除が受けられる仕組みです。早い話が、**確定申告を行うことで、税金が安くなる**ということになります。

たとえば、特定非営利活動法人（NPO法人）には、通常のNPO法人と都道府県・指定都市から認定を受けた認定NPO法人があるのですが、NPO法人から認定NPO法人となることで、法人の側からすれば「うちに寄付していただければ税金が安くなりますよ」といった呼びかけができるようになるということです。もちろん、認定を受けるのは簡単ではありませんが、認定されればお墨つきによって、それが財政面でも本来の活動面でも、よりしっかりした活動をしているNPO法人であることが認められたものとして、対外的な信用にもつながり得るというわけです。

寄附金を支出したとき（国税庁HP）

https://www.nta.go.jp/publication/pamph/koho/kurashi/html/04_3.htm

寄付者の側からすれば、個人が働いて稼いだお金をNPO法人に寄付したら、まるまる所得税や住民税が課税されるけれど、認定NPO法人だとそうはなりません。ただ、寄付控除の適用がある団体に寄付をしても、控除額の計算などは複雑でとても難解だったり、学生や年金生活者などでは控除が受けられない場合があったりなどの例外もあるので、きちんと専門家（税理士、税務署等）に確認することをお勧めします。

ここでは起業して利益が出たときに納税だけではなく、自分が関心を寄せている課題に取り組む団体に自発的に寄付することで、納めるべき税金が安くなることがあるということを覚えておいてください。

3-07

LGBTsと遺言

遺言や相続の話というと、「死んだときの話をするなど縁起が悪い、うちは大した財産もないから大丈夫だ」などと言って避けられがちなものです。しかしながら、人が亡くなれば多かれ少なかれ、相続は必ず発生します。そして、相続で訴訟沙汰となったり、兄弟姉妹が仲違《なかたが》いしたりしがちなのはお金持ちよりもむしろ、亡くなったお父さんが残した財産は築30年超の戸建住宅と預貯金100万円だけ、みたいな家のほうが圧倒的に多いのです。相続は少ないほど揉めます。

遺言が残されていなくても、配偶者や子どもには法定相続分と言って、故人（被相続人といいます）が残した財産から、決められた割合で遺産を相続できることが法律で定められています。仮に遺言が残されていたとしても、たとえば「愛人に全部あげます」みたいな遺言は無効とできることで、残された家族を守る制度でもあるといえるでしょう。

ちなみにこの場合、配偶者や子どもの法定相続分は保護されますが、遺言の形式等が法律で定められた要件を満たしていなかったなどの事情がない限り、この愛人は法定相続分を控除した分の遺産はすべて手にする権利があるということになります。残された家族としては理不尽な気はしても、法律はあくまでも遺言者の意思を尊重するというのが建前なのです。

このように、「夫婦と子ども」のような家族構成であれば、備えを怠っていても、ある程度、法律が守ってくれます。ところが、LGBTsの中でも同性同士だとどうでしょうか。

配偶者という地位は、法律上、圧倒的に保護される強い立場です。ところが日本では、同性同士は結婚できないので配偶者という地位を手にすることは基本、できません。また、LGBTsは全般的に「おひとりさま」の傾向があり、遺産はほとんど会ったこともないような甥っ子や姪っ子の手に渡ってしまうということが起こり得るのです。

だからこそ、LGBTsはしっかり生前に自分の意思を残しておく必要があります。また、自分が死んだ後のことだけではありません。生きているときでも、自分の身に何かあったとき、パートナーがどれだけ関与することができるでしょうか。

預貯金と保険、年金はどう管理するのか。介護や認知症になったときのこと、急な事故や病気で入院したり、意思表示ができない状態になったとき、ずっと連れ添ったパートナーは男女の夫婦と同じように、本人に代わって大事な判断をすることが可能でしょうか。

長らく、今よりもずっとＬＧＢＴｓに理解のない社会が続いてきたため、パートナーの親などから嫌悪されていたり、社会的存在としてのＬＧＢＴｓには一定の理解があるけれど、自分の子が当事者なのは許せないという人も多かったりするため、男女のパートナーと何ら変わりなく生活してきたにもかかわらず、有事のときには排除されてしまうということが起きてしまいます。しかも、何も行動しなければ法律も守ってくれないのです。

東京都渋谷区で２０１５年にスタートして、全国的に広がりつつある自治体パートナーシップ制度は、同性のパートナー同士を自治体が証明し、生活のさまざまな場面で差別的な取り扱いを禁止するなどした、課題の可視化にもつながるとても意義あるものです。しかしながら、**あくまでも「同性婚」ではない**ので、法律上、困ることはそれでもたくさんあります。

ゆえに、ここで遺言書を作成しましょうという話で締めたいところですが、これを専門家に依頼して公正証書というものにすると、けっこうな出費となりますのでモヤモヤするところではあります。婚姻届の提出に、高額な費用がかかりますでしょうか。

同性婚は必要です。よく当事者でも、そんなに入籍して縛られたいのかなどと斜に見るようなことを言う人もいますが、そういう問題ではありません。男女と同じような選択肢が用意されていないことが問題なのです。同性婚が認められても嫌なら籍を入れなければいいだけの話です。

3-08 コーディネート力の高い専門家を探そう

「きまじめでやさしい弱者」ほど、何でも自分ひとりで解決しようとしがちです。しかしながら、結局それが解決を遅らせたり、間違った対応をしてしまったりして、誰かを頼る心理的なハードル以上の高いハードルを越えなければならない羽目に陥ります。

世の中には自分が苦手なことや、知らないことを得意としたり、それでご飯を食べている人たちがたくさんいます。

あなた自身も、自覚の有無はともかく、周囲の人から見れば何らかの専門家です。だから、みんなで自分の専門性をシェアすればいいのです。

専門性なんていうと、とんでもなく立派なことのように思えて、引いてしまうかもしれません。また、自分が得意なことがあっても、世の中にはまだ自分よりうまくできる専門家はたくさんいるからと、自身の専門性に価値を見出せないという人もいるのではないでしょうか。

ですが、考えてもみてください。自分が何か行動を起こすとき、必ずその道の超有名人や業界でトップクラスといわれる権威に尋ねたいですか。漠然と起業しようと思い立ったときに、アンソニー・ロビンズや大前研一さんに相談したいと考えますか。普通は、身近でお店や会社を立ち上げたことがある人などに訊きたいですよね。同業同類間にいるAランクの人と自分を比較するのは意味がないとまでは言わないけれど、きりがない話です。自分の立ち位置は自分で決めればいいのです。

困りごとなどが発生したとき、相談する相手を間違えるとかえって話がこじれたりすることがあります。また、せっかくのやる気に水を差されたりすることもあるでしょう。解決したい課題や相談の内容にもよりますが、自分が頼るべき専門家の見極め方のひとつとして、その専門家自身が、別の専門家を上手に利用する能力に長けた人物かを見るというものがあります。

早い話が、コーディネートがうまい人かどうかということです。

自分は専門家なのだから、優秀なのだから、儲けは独り占めしたいからなどと、何でもかんでも自分ひとりで解決してしまおうと考えるようなタイプの専門家にはあまり頼るべきではありません。自身の専門領域の中でもさらにニッチな分野において、深い専門性を有しつつ、その他の部分は体系的に理解した上で、別のニッチな他者に仕事を振るのがうまい人が理想です。

たとえば遺言・相続については、どの専門家に相談したらいいのかわからないという声がよく聞かれます。それは性質上、さまざまな専門家がかかわらざるを得ないし、相談者（依頼者）がかかえる問題の内容によって、大きくかかわる専門家が変わってくるからです。遺言・相続の必要事項は税金のこと、年金のこと、法律のこと、行政手続きや登記のことなど多岐にわたります。私のような不動産業者もそうです。

相続問題には不動産の知識も切り離せません。相続税が高額になってしまうため、税理士からは生前に売却するよう勧められていた不動産が、不動産会社に相談することで有効活用できることがわかったなどという事例もあります。

この場合も、税理士は間違ったことを言ったわけでもなんでもなく、不動産の専門家ではなかったというだけの話です。不動産は基本的にお金のように分けられないので、相続時には争いの種になりがちだったりします。

遺言・相続というのは、専門性とか何とか言いながら、感情面に配慮して行うことで、すんなりうまくいくこともあるものです。仮に親が、兄弟姉妹のひとりだけに遺産が集中するような、一見、不公平な遺言を残していたとしても、そこに亡き親による、なぜこういう遺言内容となっているかの丁寧な説明や、残された子どもたちへの感謝の気持ちなどが綴られた遺言書が併せて付されていたというだけで、争いにならない、また仲直りできたといったことにもつながるものです。そこには、難しい法律や不動産の知識など入る余地はあまりないといえるでしょう。

遺言・相続は、さまざまな専門家をコーディネートできる存在が必要となる典型例ですが、他のことにも当てはまる場合は多いです。

3-09

コミュ障でもいい、大切なのは「コラボする力」である

「きまじめでやさしい弱者」は、他人との距離の取り方に苦手意識を持っています。そして、必要以上に気をつかったり、相手を恐れたりしてオドオドするのです。周囲はそんなあなたに言語化しづらい苛立ちを覚え、つらく当たり始めます。そして、あなたは自分本来のパフォーマンスを発揮できず、疲れきってしまいます。否、自分本来のパフォーマンスについて自覚があればまだいいのですが、やっぱり自分はダメなのだ、自分さえ我慢すれば丸く収まるのだというように、自己肯定感も低めの人が多いのではないでしょうか。

たぶん、あなたが平伏している限り、目の前の相手はあなたよりずっと大きく見えるでしょう。だけど少し勇気を出して立ち上がってみてください。**他人なんてみんな、ただ自分の持ち場で一生懸命に生きているだけのちっぽけな存在で、極度に憎んだり恐れたりする存在ではないことに気づきます。**

少し勇気を出す、というのは何も言い返すとか、争うとかそういう意味ばかりではありませ

ん。さっさとその場に見切りをつけられるのも勇気、どんなに憎たらしい相手でも、赤ちゃんのときは必ずあったわけだし、よその誰かの大事な存在なのだなどと、想像力を発揮してみることも少しの勇気だといえます。

他人が敷いたレールの上をきちんと歩いたり、走ったりできないからといって、自分は劣っているなどと考えるのは早計というものです。そもそも、その人のキャラクターというものはひとつではありません。長く生きていれば、同窓会など学生時代の仲間たちのコミュニティでの自分と、社会人になってからのコミュニティでの自分ではキャラクターが違うなどということもあり得るでしょう。自分自身が望まない「配役」を割り当てられる物語からは、さっさと降りてしまえばいいだけのことです。

「きまじめでやさしい弱者」にとって大事なのは、勝つことではなく、負けないことです。勝ってしまえば、必ず何らかの遺恨が残ります。それよりも、途切れずに細々とでも継続させることが起業でも、人間関係においても大切となります。

一瞬の大雨は、一時的には潤いで満たしてくれるけれど、土砂災害などにもつながりやすく、やがてカンカン照りがやってきてそれが続けば、乾くのもあっという間です。しかしながら、陽射しの合間にささやかにでも雨が降り続いてくれれば、大きな恵みは期待できなくても、不作になることはありません。
とくに農家の人たちにとっては、雨は大事な恵みですから、天気予報の世界ではよい天気、悪い天気という言い方はしないのだそうです。農業に関係のない立場にいると、晴れを「天気がよい」、雨を「天気が悪い」と決めつけてしまいがちです。常識は、環境や時代が変われば、移り変わる程度のものであることを知りましょう。

話が本筋から離れてしまいました。この節の本題に戻ります。
ズバリ、あなたはコミュ障でもいいのです。これから大切なのは、コラボ力（コラボレーションする力）です。「コラボ力＝人間関係を広げる力」ではありません。むしろコラボ力は取捨選択を強めて、自分に不必要な、不快な人間関係は可能な限り排除していく力だといえるでしょう。

世の中には、一見あなたの味方のふりをしながら、きまじめでやさしいあなたにつけ込んで、その律義さや情の深さを搾取しようとする輩がたくさんいます。そういう連中に利用されないためにも、直感を大事にしてください。きまじめでやさしいあなたの直感はだいたい正しいはずです。

誤解してほしくないのは、これらは自分の仲間以外は邪険にしてもいい、赤の他人には無関心でもいいということではありません。他者への不寛容は、必ず自分自身の生きづらさとしてはね返ってくるようになっています。

嫌な相手には、「あっちで私の悪口でも言っていなさい」と。その上で、「あなたとは意見が異なるけれど、あなたがその意見を主張することを侵害する勢力や人物のことを私は絶対に認めない」これが、本来の民主主義のあり方であり、干渉し過ぎず放置し過ぎない人間関係の基本というものです。

3-10

いちばんケンカが強いのは「めんどくさそうな人」である

唐突な質問ですが、ケンカが強い人って、どういう人だと思いますか。見た目や雰囲気も大事かもしれませんね。声が大きくて、強面《こわもて》であれば静かにしているだけでも、相手の妄想をかき立て萎縮させて、自分の思うように物事を進めやすいような気もします。

作家の宮崎学さんが著書の中で、交渉事をうまく進めたかったら最初に一発相手を殴ってから始めればいい、みたいなことを書いていて、身もふたもないなと笑ったことを覚えています。

ですが、この複雑に入り組んだコンプライアンス社会において、本当にケンカが強い人とは、怖い顔でもでかい声でもなければ、腕っぷしが強い人でもありません。**本当にケンカが強いのは「めんどくさそうな人」です。**

めんどくさいということこそ、現代の有効な「暴力装置」だといえるでしょう。常に周囲から、この人と揉めたらめんどくさそうだなという空気をまとっておくことが、他人から支配されずに自分の人生を生きていくためには大事なことだと考えます。

そんなことしたら、みんなに怖がられたり嫌がられたりして、ひとりぼっちになってしまうじゃないかと思われるかもしれません。ところがどっこい、めんどくさそうな人という立ち位置を維持しながら、他人ともうまくやっていく方法があります。

それは、**他人に誠心誠意、尽くしてやさしくしてあげること**です。自分のことを差し置いてでも、他人に尽くすこと。語弊を恐れずに言えば任侠道のようなものです。そこに人としての凄みが生まれます。凄みと言っても、何も大げさなものではありません。めんどくさそうなだけでは、つき合いづらいただの厄介者だし、尽くすだけなら相手にとって単なる都合のいい奴になります。要はバランスの問題なのです。

「めんどくさい人」ではなく、「めんどくさそうな人」というのがミソで、「本当に俺はめんどくさい奴だぞ」というカードをしょっちゅう切っていては、その価値やありがたみも薄れます。たとえはちょっとあれですが、暴力団が怖いのは、暴力をふるうから怖いのではなく、暴力をふるいそうな、何をしでかすかわからないところが怖いのです。

暴力団というのは組織であって、数%の誰かが本当に強権発動して刑務所へ行ってくれているから、外にいる他の人間がその威光で飯が食えているという特殊性を持っていました。今は暴力団対策法等によって、そこを取り巻く状況は昔と違います。よきにつけ悪しきにつけ、私たち堅気の人間がこういう人たちのしたたかさに学べる点がないかといえば、そうとも言い切れないのは事実でしょう。

反社ついでにお話しすると、詐欺事件というものは手を替え品を替え、いつの時代にも話題になりますが、基本ベースはほとんど変わっていません。それは私たちが、優秀な詐欺師ほど詐欺師には見えないということをつい忘れてしまいがちなところに、その一因があるのではないでしょうか。

故・赤塚不二夫さんの漫画に登場するキャラクター「イヤミ」のような人物から何かを勧められたらむやみに警戒する割に、身なりのきちんとした人や大学の先生や医者の言うことなら思考停止して、簡単に信用するのが日本人です。海千山千の連中からすれば、赤子の手をひねるようなもの。理想の弱者像には寛容（ただし上から目線）なくせに、自分が理解しづらい弱者には冷たい。自分たちが支持したくせに、政治家に騙されていた、あの人を信じていたのに、と後から文句を言う……。

為政者や悪人にとって、これほどちょろい大衆はいません。

何でも先回りし過ぎて考えたり、あれこれ考え過ぎたり、難しく物事を考えがちな、きまじめでやさしい弱者は、めんどくさそうな人という立ち位置を確立するには有利なところにいます。具体的に補足すると、めんどくさそうな人の典型例として、素人には難解な法律を武器に相手を追い詰めたり、弱者に寄り添ったりできる法律家が挙げられるでしょう。

第4章

弱者のための暇つぶしと時間稼ぎの方法

4-01

宅建士資格は人生一発逆転のパスポート

資格を取って独立・起業するのは弱者にイチ押しの方法だと述べました。資格取得は何より自信につながります。実際にその資格が必要、あるいは重宝される仕事の現場で、役立てられなくてもいいのです。資格は持っているだけでは意味がないという人もいますが、私はそうは思いません。**資格取得によって前向きな気持ちになれて、自分が納得のいく人生を歩むことができるのであれば、それでいいのです。**

最近では国家資格の中で最も難しいといわれる司法試験の合格者でさえ、法曹三者（弁護士・検事・裁判官）の道は選ばず、起業するような人もいます。もったいないなという気はしますが、資格は目的ではなく、手段だといわれるゆえんです。

宅建という呼び名で知られる宅地建物取引士の資格試験。毎年20万人前後が受験する、超人気資格です。他の国家資格と比べても抜きん出た多さ。何か資格試験に挑戦してみたいけど、何がいいかなと迷っている人にはぜひ、この宅建士試験をお勧めします。

試験は10月に行われ、合格率はだいたい15％くらいとなっています。15％と言われると、大変そうな気はしますが、受験者数は多くても大して勉強もしていない人がほとんどです。不動産会社等に勤めている人が、会社から言われて嫌々受験しているというようなケースも少なくありません。正しく勉強をすれば、合格できる試験だと思ってください。

さらに宅建士試験の合格率が低めの理由として、受験資格がないことが挙げられます。不動産業の実務経験も、学歴も一切不問。知名度も高く、誰でも挑戦できるところが大きな魅力。きちんと勉強をすれば合格できますが、決して簡単な試験ではありませんので、どんな仕事に就く場合でも履歴書などに記載しておくだけで箔がつくというものです。

基本的に文系（法律）の試験だと思ってください。試験科目は宅建業法（20問）、民法等（14問）、法令上の制限（8問）、税法等（8問）となっています。合格基準点が決まっているわけではなく毎年異なり、2011年以降は50点満点中、31点から38点で推移しています。

初学者で平日は仕事をしているような人でも、テキストと過去問を1年間かけて取り組めば十分合格できます。ちなみに私は、仕事がヒマだったときに、1冊の過去問を繰り返し解いて3カ月間で合格することができました。時間が十分取れるようなら、こうしたやり方での合格も不可能ではありません。

宅建士には独占業務があります。不動産の借主や買主に対する「重要事項の説明」、「重要事項説明書への記名・押印」、「契約後交付すべき書面への記名・押印」は、宅地建物取引士でなければ、行ってはならないことになっています。また、宅地建物取引業（不動産の売買や賃貸の仲介等）を行う事務所には、業務に従事する者の5名に1名以上の宅建士を置かなければならないことになっています。ざっくり言えば、宅建士がいなくては、不動産業は経営できないということになります（賃貸経営や管理業のみの場合などは除く）。

宅建士と、資格は持ってないけれど成績のよい営業社員のどちらが「神」かは、その会社のカラーにもよりますが、宅建士資格があれば資格手当がつく会社は多いようです。不動産業に限らず、金融業や建設業の方にもお勧めです。

ただ、何事にも向き不向きというものがあります。宅建士は無理でも、一般的にはこれより難易度が高いといわれる試験には、すんなり合格するというケースもあります。あくまでも参考にしていただければ幸いです。他にも受験資格不問という資格はあります。つぶしが効いて、なおかつ自分に合ったものを探してみてはいかがでしょうか。

4-02

保護者を頼れない子どもたちと住まいの問題

何らかの事情で、保護者と暮らすことができない子どもたちが生活する場所のひとつが児童養護施設です。ずっと昔は、孤児院などと呼ばれていました。最近は身寄りのない子どもよりも、保護者による虐待や育児放棄を原因として、身を寄せている子どもたちが多いのが特徴です。

施設で暮らす子たちは原則、18歳になったら施設を出て自分で生計を立てていかなければなりません。進学する子には、以前はなかった学費の免除等の制度が手厚くなりつつあるとはいえ、22歳を過ぎればそれもなくなります。

つらい体験をしてきた子どもたちは自己肯定感も低く、社会に出ても人間関係を築くことがうまくいかず、仕事も失い孤立してしまう子も少なくありません。そんなときに、悪い仲間や大人たちからやさしくされて甘い言葉で誘われれば、悪しきに流れる展開は想像に難くありません。

保護者を頼れない子たちにとって、施設は「実家」のようなものですが、職員さんたちは現在生活する子どものことで精一杯というケースも多く、何とかしたくてもできないということが少なくありません。継続的な支援が行政から義務づけられているとはいえ、限度があります。また、子どもたちもそれをよくわかっています。自分がよく知る職員が退職すると、足が遠のくということもあるのです。

そこで、落ち着くまで住むことができる家と、同じ仲間や相談相手のいるコミュニティが同時にあることで、仕切り直しできる子もいるのではないか。とにかく、雨風をしのげる温かい家が必要ではないか……私はこうした問題を知って、いつしか、そう思うようになっていました。

そして、NPOに不動産を寄付したり、貧困問題を支援する団体に不動産を貸し出したりする方が、世の中にはいらっしゃることを知ります。空き家問題が顕著なように、有効活用されていない不動産が世の中にはたくさんあります。

私自身も16歳で父を亡くし、その後、病気の母を入院させるなどといった家庭の事情から実家が人手に渡った経験があり、早くからひとり暮らしをしていました。今よりももっと世の中のことを知らなかった若い頃から、「つまずいたら即、路上生活」のようなプレッシャーはずっと持っていました。だから、施設で暮らした経験こそありませんが、他人事とは思えないのです。

結局のところ、児童養護施設出身者に限らず、**住まいの貧困に直面している人はたくさんいます。**そこで現在は、住まい探しに困っている人たちと大家さんをつなぐ、「住宅セーフティネット制度」という国の制度も設けられています。低額所得者、高齢者、障がい者などといった人々を住宅確保要配慮者と位置づけて、そういった人たちの入居を拒まないという制度に登録した大家さんには、建物の改修費等を補助するといった内容です。

すでにある資源の有効活用、空き家問題への対応としてもよいことでしょう。ただ、住まいの貧困状態に至るまでには、さまざまな事情と背景が存在します。同制度の中にも入居後の見守りなどが盛り込まれているようですが、一人ひとりに合ったきめ細かい対応が望まれるところです。

私自身、**不動産（仲介・管理）業は、鉄道などの交通や通信、ライフラインと同じ、社会インフラだと考えています。**民間の商行為なのだから、お客を選ぶのもこちらの自由だなどという非対称な話にはならないのではないでしょうか。大家さんも、投資や節税など賃貸経営の目

特定非営利活動法人ブリッジフォースマイル（児童養護施設出身者の支援団体）

https://www.b4s.jp/

的はいろいろですが、そのあたりを理解されている方がもっと増えればと望んでいます。

児童養護施設出身者の問題は、知らない方も多いのではないでしょうか。施設の子たちを通じて、セーフティネットの大切さを実感させられます。こうしたセーフティネットに当たる概念を、社会活動家の湯浅誠さんは「溜め」という言葉を用いて説明されています。

お金などの経済的な「溜め」、家族や友だちなどの人間関係の「溜め」。そして、自信や心のゆとりなどといった精神的な「溜め」など。児童養護施設のことを知れば、この社会のゆがみも見えてきます。

4-03

明日死んでも50年後に死んでも、余生

児童養護施設の出身者に顕著なように、保護者を頼れない子どもや若者たち。彼女ら、彼らは単に自分たちの不足を補う制度や仕組みがあれば、めでたしめでたしとなるかといえば、そんなことはありません。大人が考える支援や応援と、当事者が望むものにはズレがありがちだったりします。

私はまず、**大人が彼女ら、彼らに対して、生きていればいいことがあるとか、希望や夢を持っていいのだとか、そういう嘘をついてはいけないと思うのです。**本気でそう考えて言っているのだとしたら、よっぽどの能天気ではないでしょうか。

人間なんて、生まれてきたこと自体がもうすでに罰です。人は誰でも当然に幸せであるべきだなどというのは、社会のルールとしては尊重されるべきであっても、丸腰で受け止める思想としては危険もいいところ、幻想です。一度、それをちゃんと認めて、向かい合うことから始

めないと、自分の人生というものは、いつまで経っても不満だらけです。

どうがんばったって、所詮、人生は苦行の連続。だから、自分のほうから嫌なことにかかわっている時間なんてないよ、迷惑かけてもいいのだよ、好きなことをやればいいのだよ。お金よりも、アドバイスや説教よりも、まずはそういう姿勢で、彼女ら、彼らの話をたくさん聞いてあげられる存在が必要なのです。おかしな「幸せ幻想」はいりません。

私はしょっちゅう死にたくなります。だけど、あまり本気ではありません。あまり本気ではないということは、本気の部分もあるということです。

ちょっと嫌なことが重なったり、ふと疲れて、自分で始めたことが面倒になってきたりすると、頭上に隕石でも降って来い、と願います。

もうすぐ死ぬぞと恐怖を感じたり、痛みや苦痛を覚えたりする間もなく死ねるなら、いつ死んでもいいと考えています。人の生き死になんて、「あなたは100歳まで生きたからもういいでしょう?」というような話ではありません。どんなタイミングでも何かしらの悔いは残ると思うのです。

故郷の親友が旅立って、10年になります。中学のとき、校則をめぐって学校側や一部の生徒たちと激しく対立して、孤立無援だった私に助け舟を出してくれたのがこの親友でした。私には何の力もなかったけれど、親友はヤンチャで目立つタイプだったので、私に対して批判的、攻撃的だったりした連中はみんな手のひらを返すようにすり寄ってくるようになりました。

亡くなる前年、帰省して最後に会ったとき、いつものようにバカ話をしながら私が「ホント、俺らダメ人間やな」と口走ったとき、ふと真顔で「あべちゃん（私のこと）は全然ダメじゃない」と言われたことが、今でも印象に残っています。いつもなら、話に乗って茶化してくれるのになと、そのとき、少し違和感をいだきました。

あの日、私は打ち合わせを控えていました。電話をかけてきた親友が冗談めかしながら、自分のつらさを私に打ち明けてくるのです。その前後には、メールのやり取りもありました。打ち合わせの時間が気になる私は、今日の夜、帰ったらこっちから電話するからと伝えるのですが、親友は話をやめてくれません。結局、長電話になってしまったのですが、電話を切るときに明るい声で、私としゃべっていたら元気になったと言っていました。

季節は春だったのですが、「お盆休みには必ず帰るから、それまでお互い生き延びよう」とおどけて電話を切りました。

その5日後、私は親友の仏前ですぐに帰省しなかったことと、最後の最後に頼る相手として私を選んでくれたにもかかわらず、いい加減な対応に終始したことを悔やみ、ただただ詫びるばかりでした。

残された側の心が炎で焼かれるかのようなつらさは、私自身よくわかっているつもりです。

明日死んだとしても、50年後まで生きたとしても、同じ余生です。人間の人生なんて、特別な意味もなければ、卑下したりあきらめたりしなければならないものでもないことを知れば、目の前を飛び交う不快なハエを追い払うくらいの力は湧いてくると、今を苦しむ人に伝えたいです。

4-04

LGBTsの10人に約3人が「住まい」の確保に困っている

さすがに最近では減ってきていると信じたいですが、男性同士のカップルだとわかると、そこまで踏み込めるほどの関係性でもないのに、平気で「どっちがウケ（女性役）なの？」とか訊いてくる人がいます。そういう人は、女性と男性のカップルにもセックスの内容について興味本位で尋ねるのでしょうか。

悪意がないのはわかるのですが、**自分にとってイレギュラーな存在に対しては、プライベートなことでもあれこれ訊いても大丈夫、失礼とは思わない人は意外と多いようです。**こうした現象は、それだけ人間は決めつけや思い込みが激しいということの裏返しでもあるのでしょう。

たとえば、同年代に見える中年や高年齢の男女2人組には「ご主人と奥様」、ひとりでいれば子どもがいない人かもしれないのに「お父さん、お母さん」。ちなみに、配偶者も子どももいない私が、妹とその子どもである小学生の姪っ子と3人でいたら、必ず「お父さん」と呼ばれます。自分もうっかり言いそうな気もしますが、古い家族観に紐づいたそういう呼び方には十分注意すべきです。

同性カップルの住まい探しでよく聞く話では、まだ契約も何も決めていないにもかかわらず、会ったばかりの不動産業者から訝しげに「ご関係は？」、「どっちが働いているの？」（暗に専業主婦と働く夫のみを前提としている）などと矢継ぎ早に訊かれ、最後はうちでは無理ですね、と追い返されるといったものがあります。ワンルームがいい、広めのキッチンがいいなどの部屋を決めるのに最低限必要なことはともかく、そもそもその人の踏み込んだ属性について、契約前にあれこれ質問すべきではないと私は考えています。

大家さんもとくに高齢者ほど偏見を持つ人が多く、同性カップルというだけで断られることも少なくありません。部外者からすれば、ちゃんと家賃を払ってくれそうな人なら問題ないし、初対面の人にプライベートなことを質問攻めにされるわけがないだろうと思うかもしれませんが、それは通用しないのが現実なのです。

２０１８年のデータですが、リクルート住まいカンパニーが行った、ＬＧＢＴｓを自認している全国の20歳から59歳を対象とした調査（有効回答数３６２人）によると、セクシュアリティが原因で嫌な思いをしたことがある人が、「賃貸住宅探し」で28・7％、「住宅購入」で31・1％いたという結果があります。ホント、同性カップルが飛び込みで不動産屋へ住まい探しの相談へ行くのは怖いでしょう。だから、ＬＧＢＴｓフレンドリーな業者はもっと、それを伝える工夫をしてくれたらと望んでいます。

不動産業者側は、自分はそういうお客様がいらしてもきちんと対応できるから大丈夫と心の中で思っているだけではいけません。当事者は初対面の、どういう考え方を持っているかもわからない相手に相談するというだけで、ものすごいプレッシャーを感じるものです。同業者のみなさん、安心してご来社くださいとお客様へＰＲしてください。ぜひ、お願いいたします。

ウェブ記事で見つけた、胸クソの悪い話をひとつ。やっと見つけた理想的な物件。ところが不動産屋から渡された同意書に、「ＬＧＢＴの方は原則お断り」と書かれており、混乱で怒りがこみあげてきたというＬＧＢＴｓ当事者の方の話です。

なぜ、「ＬＧＢＴの方は原則お断り」なのかを業者へ問い質すと、男性同士が手をつないで近所を歩いていたら怖がる人もいるでしょう（！）と言われたそうです。記事の中には、〝ＬＧＢＴ」「外国人」「精神疾患のある方」などの入居を断る――差別としか考えられない内容〟だったと書かれています。ちなみに、祖父がフランス人ということも外国人に含まれるとした

News ・ 公開 2020年12月23日

「LGBTの方は入居お断り」同意書にあった一文。その部屋の契約をやめた当事者が動画で伝えたこと

沖縄在住のタスクさん。アパートの契約時、同意書には「LGBTの方は原則お断りしています」の一文が。「性自認、性的指向などで他者を判断せず、一人の人として見てほしい」と語ります。

by Sumireko Tomita
冨田 すみれ子 BuzzFeed News Reporter, Japan

最初のコメントを書く

「理想の物件で『やっと見つかった！物件探しはもう終わり。ここに住むぞ』と思いました。担当の方から同意書を受け取り内容に目を通しました。その同意書には『LGBTの方は原則お断り』との内容が記載されていました」――。

沖縄県に住むタスクさんが2020年12月、新しい部屋を探すなかで経験したことを7分弱の動画にまとめてInstagramにアップした内容が、反響を呼んでいる。

不動産会社に渡された同意書を見て、タスクさんは入居しようと思っていた物件の契約を止めた。「LGBT」「外国人」「精神疾患のある方」などの入居を断る、差別としか考えられない内容だったからだ。

「LGBTの方は入居お断り」同意書にあった一文。
その部屋の契約をやめた当事者が動画で伝えたこと

https://www.buzzfeed.com/jp/sumirekotomita/lgbt-fudosan

ら、私は3つすべて当てはまります。

「理解し合えるよう努めればいいじゃないか」、「近所にはいてほしくないけど……」

あなたは、どう感じますか。

4-05

生き方のロールモデルが少ないLGBTs

ここ数年で、LGBTsの存在そのものをはじめ、理解や認知が進んできたことは間違いありません。ですが残念ながら、まだ社会の中で「異質」な存在であることも、疑いの余地はないです。みんな口を揃えて、多様性が大事だとか、性的指向や性自認はさまざまだなどと言いながら、自分の身内やそのパートナーが当事者であることは嫌い、認めません。**まだまだLGBTsは多くの人にとって他人事だからこそ、「いてもいい」存在なのです。**

私は山口県という地方で生まれ育ち、もう長く東京圏で暮らしています。その山口県の宇部市でも2021年から、県内の自治体初となる「パートナーシップ宣誓制度」の運用が開始されました。一部市民の反対や懸念の声もあり、一時は導入が延期となっていたとも聞いていますが、昔を知る身には隔世の感があります。

東京中心の発想や考え方に縛られていると、全体を見誤ることがあるということを忘れてはいけません。私がＬＧＢＴｓへの理解に関して後ろ向きな発言をすると、別にもう差別なんかほとんどないだろうという態度の人もいますが、それは「東京だから」感じることです。東京では、平均的な社会生活を営んでいる限り、新しい発想や考え方とされるものにある程度は通じていないと、やっていけないという側面があります。

しかしながら、地方在住者にはＳＮＳはやらないし、今でも情報源はテレビと新聞だけという人がたくさんいて、ググっても何の手がかりすらないモノやコミュニティなどが存在しています。東京でマーケティングなどをやっている人は、よくこういう視点を見落としがちです。**「東京」や「大卒」のほうが、この社会ではマイノリティ**だということは、押さえておく必要があるでしょう。

私は田舎暮らしにあこがれがあるのですが、一度東京で生活してみると、やっぱり今はまだ難しいと思っています。自分より若い人からであればともかく、田舎の高齢者から悪意なく、「お嫁さんはいないの？」などと言われて、言い返すのも野暮な気がしてしまうのです。20代までの若い世代は、偏見のない人も多そうですが、30代から40代はしっかり理解と共生に努めてほしいです。50代以上の人にはほとんど期待していませんので、若い世代の邪魔だけはしないでくださいというところでしょうか。

専門家の間でさえ議論が分かれるところですが、私自身は憲法24条にうたわれる「両性」とは、必ずしも「男と女」というだけの意味とは思わないので、憲法を改正しなければ同性婚は法制化できないとは考えません。

【憲法24条　第1項】婚姻は、両性の合意のみに基いて成立し、夫婦が同等の権利を有することを基本として、相互の協力により、維持されなければならない。

憲法9条では、「陸海空軍その他の戦力」を持たないとされているにもかかわらず、他国の軍隊（戦力）と比べても何ら引けを取らない「自衛隊」が憲法解釈によって存在できているのに、同性婚を実現するためには憲法改正が必要というのは、私の頭では納得ができません。

【憲法9条　第2項】前項の目的を達するため、陸海空軍その他の戦力は、これを保持しない。国の交戦権は、これを認めない。

ＬＧＢＴｓは、長い間、この社会にはいないものとされ、法律や制度、社会の構造に至るまであらゆるものが男女の婚姻を前提につくられ、語り尽くされてきました。ゆえに、生き方のロールモデルが少ないのです。私自身、今よりもっと世の中のことを知らず、差別が当たり前だった若い頃に、好きだった相手との未来がイメージできず、苦しんだ経験を持っています。

法律が変わらないから世の中が変わらないのではありません。人々の意識が変わらないから、いつまで経っても法律さえ変えられないのです。「自分の生き方は自分で決める」という当事者の言葉を、社会の側には悪用しないよう願います。

4-06

同性カップルのためのペア住宅ローンの広がり

不動産業者や住宅メーカーがお客様に問いかけるときの定番文句ではありますが、「住宅の購入は、多くの人にとって一生に一度あるかないかの大きな買い物です」ということに、間違いはありません。賃貸VS.持ち家論争というのはよく話題になりますが、結局のところその人それぞれの価値観や人生観に左右される部分が多く、どちらがいいとは言いきれません。

金銭面での損得と、自分が納得のいく人生を過ごすための住宅という問題はどちらも大事ですが、いったん切り離して考えたほうが、曇りのない視点でそれらのバランスを検討することができるものと考えます。

不動産業者ができることは、自身の都合を中心に売らんかな、貸さんかなで話を進めることでもなければ、上から目線で教え導くことでもありません。お客様の価値観や人生観に寄り添い、最善を尽くすこと。そしてそろそろ着地点かなと判断した頃合いに、背中を押して差し上げることが仕事ではないでしょうか。背中を押すということには、「今はやめておきましょう」と申し上げることも含まれます。こちらとすれば、お金が儲かるチャンスですから、とても勇気のいることですが。

ＬＧＢＴｓの自治体パートナーシップ制度の導入が各地で進んでいることなどによって、同性カップルでも住宅ローン（ペアローン）が組めるサービスを提供する金融機関が増えています。どういうことかと言うと、男女の夫婦共働きの場合、２人の収入を合算してローンを組むことができるサービスはこれまでも提供されてきました。収入が多ければ、それだけたくさんの借入が認められるので、住宅購入の選択肢が広がるというのは理解できるでしょう。

２０２１年9月現在、同性カップルがペアローンを組むとき、サービスを導入しているほとんどの金融機関で、自治体パートナーシップ制度の証明書を求められます。楽天銀行のように、提携先の業者での住宅購入を条件に、証明書の提出を不要としているところもあります。地方の信用金庫からネット銀行、メガバンクまでさまざまな金融機関がサービスの導入を始めていますが、サービスの詳細は変更されるのが常です。ご利用に当たっては、ご自身でよくお調べになることをお勧めします。

同性カップル向けのペアローンは、今ある社会制度に基づいた可能な限り、分け隔てのないサービスという点ではすばらしい取り組みですが、当事者にとっては落とし穴もあります。それは、不幸にもパートナーシップの解消ということになったとき、2人でローン契約をしていたり、不動産がパートナーとの共有名義になっていたりした場合にいろいろ面倒なことは、男女の夫婦やパートナー同士と同じだということです。幸せの絶頂にそういうことはあまり考えたくはありませんが、きちんと考慮した上で決めるのが賢い選択といえるでしょう。

注意点をもうひとつ。サービスの提供を打ち出している金融機関だからといって、いきなり訪問して相談しようとすると、不愉快な思いをする確率もけっこう高いと考えていたほうが安全です。金融機関の融資担当者には自覚なく偉そうな人、窓口担当者には自行のサービスに不勉強な人も少なくありません。もちろんこちらが恐縮するほど真っ当な人もいますが、金融機関にお勤めの人たちは、基本的に無難なことや安全を好む人たちです。

悔しいけれど、同性カップルというだけで、宇宙人がやってきたというような顔をされるのが当たり前くらいに考えて臨むほうが、無駄に傷つかずに済むというものでしょう。

腹が立つ対応を受けるかもしれないけれど勇気があるなら、まだペアローンのサービスを提供していない金融機関にも、挑戦（相談）してみるといいでしょう。あなたのムカつきの分ほど、誰もが生きやすい社会に近づくというものです。

4-07

株屋・不動産屋・保険屋はうさんくさい職業御三家!?

日本人はお金が好きです。そのくせ、お金のことにこだわるのは、はしたないという倒錯したメンタリティを持っているややこしい人々です。「きまじめでやさしい弱者」は、そこがよく見えずに親切心から「お金が好きなんですよね？」的なことを言ってしまい、相手から激高されてしまうタイプでもあります。根が素直で、駆け引きが苦手な人が多いのだということです。

そんな日本においてうさんくさい職業3選というのが、株屋（証券会社）・不動産屋・保険屋なのだそうです。どれもお金のにおいがぷんぷんしませんか。大好きなくせにうさんくさいとは、これまた素直ではないですね。ある不動産関係者の方が不動産会社へ初めて就職する際、親からそれだけはやめておくれと言われたという話もあります。

とくに不動産は「千三《せんみ》つ」と言われます。その意味は、数えられないくらいの案件のうち、3つしかよいものに巡り合えないという意味です。言葉の解釈によって、さまざまなことが考えられますが、悪い見方をすれば、嘘つきで当てにならないということなのでしょう。きっと時をさかのぼるほどその傾向は顕著で、今でもそういう芸風（？）を引きずっている業界なのかもしれません。
私は業界未経験で創業したばかりの、駆け出しの不動産業者です。そして、不動産業者（宅建業者）は、日本でコンビニエンスストア以上の数があるといわれています。そんな中で一見、私の行動はとても無茶な挑戦に見えてしまうかもしれませんが、逆にここまで多くの同業者が存在するということは、中途半端にいろんな裏事情や、あうんの呼吸みたいのものを知らないで始めるほうが差別化につながると考えました。

国が実務経験のない宅建士でも、2日間の講習を受講して形ばかりの試験に合格すれば実務を行ってよいと決めているのですから、できないはずはないと思ったのです。

多くの悪徳業者の存在を知り憤慨され、2009年に79歳で宅建試験（当時の呼称は宅地建物取引主任者）に合格。80歳で不動産会社を設立された故・和田京子さんのことを知り、背中を押された面もあります。確か、80歳ではどこも雇ってくれないから創業したというようなこともおっしゃっていました。それまで、不動産業はおろか、就業経験もなかったそうです。その後、事業を大きく成功させていった和田さん、すでにこのエピソードだけでも十分に他との差別化ができているようにも感じられます。
一般的に「高齢者」という存在は社会的弱者と位置づけられがちですが、そうしたことを逆手に取る生き方もあり得るという一例ではないでしょうか。
私はこの社会にうさんくさい職業があり、そういう人がいるというわけではなくて、ただお互いが勉強不足で、他人への想像力が少し欠けているだけなのではないかと思っています。意地悪な人も、悪徳業者も、引きこもりも、ただ一生懸命に自分の人生を生きているという、それ以上でも以下でもない存在です。

細川護熙氏の著書『明日あるまじく候 勇気を与えてくれる言葉』(文藝春秋)の中に、印象的な記述がありました。江戸時代の美術家、本阿弥光悦《ほんあみこうえつ》の孫、本阿弥光甫《こうほ》は、誰も引き取り手のない錆びた汚い刀の処分を依頼されたところ、その刀が名品であることを見抜きます。処分を依頼されたのだから、並の人間なら得したと思い、無料、または適当な値段で引き取り、上乗せして売却しようというようなことを考えるでしょう。ですが、目利きの家に育った光甫は、自分たちが見て名品だとわかる刀を素知らぬ顔で引き取ることを恥だと考えます。
「何よりも神仏の目を畏れよ。たとえ誰ひとり知るものはなくとも、己が省みて疚《やま》しいことをするな」(本阿弥光悦)
大事なのは他人の目ではなく、自分の心に問うてみて恥ずかしくないことだという話ですが、私の半生、亡き父の仏壇にある遺影をまともに見られないことばかりのような気がしてなりません。

4-08

メディアリテラシーとポッドキャスト

総務省のウェブサイトによると、メディアリテラシーとは、「メディアを主体的に読み解く能力」、「メディアにアクセスし、活用する能力」、「メディアを通じコミュニケーションする能力。とくに、情報の読み手との相互作用的（インタラクティブ）コミュニケーション能力」の3つを構成要素とする、複合的な能力のことと説明されています。

まずはメディアの情報を何でも鵜呑みにしないで、自分で判断する能力のことと言いきっても差し支えないでしょう。その上で受け身の情報享受ではない、説明にもあるように実際に活用し、コミュニケーションする能力があってこその、情報だということではないでしょうか。

今はSNSを通じて、誰もが情報発信者になれる時代です。とはいうものの、おそらく自分が情報発信する側の人間であるという意識を明確に持ちながら、SNSを利用している人のほうが少ないはずです。そんな気軽に発信できる時代だからこそ、ひと手間かけた発信方法に取り組んでみるのはいかがでしょうか。私がお勧めしたいのは「ポッドキャスト」（ネットラジオ）の配信です。

私は2009年に、微弱な電波を使ってごく限られた範囲内にラジオ番組を配信する「ミニFM」を仲間と始めたのを機に、その後もただ自分たちがしゃべりたいことをしゃべるだけの番組や、ラジオドラマを制作するなどして、YouTubeに音声だけを公開したりしていました。学園祭のノリで内輪で楽しんでいただけですが、そうした活動をきっかけにコミュニティFM局の番組制作とパーソナリティを任せていただいていたこともあります。

また、夏休みに中高生にボランティアパーソナリティとして番組進行をお願いし、仲介してもらった社会福祉協議会から表彰されたこともよい思い出となっています。

ちなみに、ミニFMは本当に微弱な電波ですが、電波法という法律でいろいろ管理されているので無免許でやり過ぎると怒られます。

以前は商店街の空き店舗をお借りして、商店街にあるお店の店主さんをお招きして公開収録を行ったり、お祭りのステージの上で公開放送をやったりして喜んでいただいたこともあります。ネットラジオの公開収録なのに、最後は子どもたちのヒップホップダンスが始まり、私もラジオパーソナリティではなく、ただのイベント司会者になっていたりとカオス状態だったことを思い出します。イベント会場の一角に、収録のための音響機器を広げるだけでも「それっぽさ」が演出されて、その場が盛り上がります。

このようにネットラジオは、自分たちが楽しむだけでなく、制作の過程でいろいろな人を巻き込むことができる情報発信方法です。事業として本気でやるなら、コミュニティFMをめざすのもアリですが、**どんなテーマで起業するにせよ、ネットラジオの配信は自分の想いや人柄を伝えるのにはもってこいの方法だと考えています。**

ユーチューバーが人気で、動画ももちろんよいのですが、声だけで伝える情報発信というのもよいものです。企画、収録、配信という3つの過程でいろいろ楽しめてしまいます。もちろん、ひとりでも十分やれます。「自分がラジオでしゃべるなんて」などと思っている人なら「声のブログ」と考えていただければ、ハードルが下がるかもしれませんね。

私の友人でもあるTAKAHA－Cこと高橋広穏さんも理事やパーソナリティを務める練馬放送は、東京都練馬区に特化してコミュニティFM局をめざす団体です。まだ法人化する前、

一般社団法人練馬放送
https://nerimabroadcast.jp/

本当に小規模で活動していた頃、小さなアパートの一室で行われた収録に、私も出演させてもらいました。

次の節ではネットラジオをやるには、具体的にどうしたらいいのかというお話をしていきます。

4-09

Oh! RADIO

「ポッドキャスト」（ネットラジオ）の配信は楽しいし、起業でも使えるというお話をしました。まずネットラジオを始めるために、最低限、必要な道具は何かといえば、今どきはスマホ1台ですべて完結できるのかもしれません。要は録音ができて、ネット環境があればそれでできるということです。収録したら、音楽を入れたり、無駄なところをカットしたり、ノイズを抑えたりといった編集作業も行いたいところですが、それらもスマホでできてしまうでしょう。ちなみに私は、パソコンの大きな画面で作業するほうがやりやすいです。

まず初心者の方には、必要な道具がすべて揃っていて、2万円前後で買えるポッドキャスト用セットがお勧めです。よい音で収録するためにはマイクにこだわることが大事ですが、マイクの世界もすごく奥が深いです。専用セットを購入すれば、ふさわしいマイクが初めからついてきます。

【一般的なポッドキャスト用セットの内容】

・マイク
・音響用ミキサー
・ヘッドフォン
・マイクスタンド
・専用ケーブル

音響用ミキサーとは、マイクを通じて入ってくる音を調整して、聴きやすくする機材です。たとえばオープニングの音楽を小さく（フェードアウト）しながら、自分の声など別の音の音量を上げるといった作業をリアルタイムで行うものです。ミュージシャンがレコーディングする際、ガラス窓の向こう側で大きな卓で音量調整などをしていますよね。あれの小さい版だと思っていただければいいでしょう。

複数人で会話しながら収録する場合などは、ポッドキャスト用セットひとつでは、間に合わなくなります。初めはポッドキャスト用セットで、少しずつお気に入りのマイクや、使い勝手のよいミキサーなどを買い足していけばよいでしょう。

あとはハード面で大事なのは収録場所です。家に防音室があるという人のほうが少ないはずですし、貸しスタジオを借りるのはお金がかかってしまいます。聴きづらいと、聴いてもらえませんので、できるだけ静かな場所で行いましょう。とはいうものの、番組中に飼っているワンちゃんの「わんわん！」という声が入ってしまうのも、場合によってはご愛敬ということもあるかと思います。

ラジオのよい点は、動画のように姿が見えないので、テレビのニュースキャスターのようにならなくても、原稿をしっかり見ながら行えるという点です。原稿の棒読みはかっこよくないですが、あらかじめ原稿はつくっておいて、頭が真っ白になりそうなときや、まとまりがなくなりそうなときは原稿に戻れるようにしつつ、テーマに沿ったフリートークを展開できるといいでしょう。

音楽を入れると、ただのおしゃべりが俄然、ラジオらしくなります。オープニングやエンディングのテーマ、自分がトーク中にバックで流れている曲など。コーナーの転換時や、CM前などに流れる短い音楽をジングルといいますが、タイトルコールなどと一緒にこれもあると面白いです。ただ、音楽を使用する際は著作権に注意しましょう。ウェブ上には、本当に自由に使っていいのかというほどクオリティの高いフリー音源もたくさんあります。

ひと昔前までは、実際に番組をつくっても、アップロードできる媒体は限られていました。音声だけをネットにアップするのは、けっこう面倒で、知識も必要でした。ですが、最近ではさまざまなポッドキャストアプリがあります。また、収録したままの音声ファイルでは、容量が大き過ぎる場合や、媒体によっては限られたファイル形式しか対応していない場合がありま す。そんなとき、簡単に圧縮できたり、ファイル形式を変えられたりするウェブサービスも検索すればすぐに見つかります。ウェブ上にある無料サービスも、フル活用しましょう。

私がよく使う編集アプリ（ソフト）は、サウンドエンジンフリーというものです。無料版でも音の切り貼りやミックスなどといった作業が直観的に行えて、慣れは必要ですが、初心者でも扱いやすいです。

たとえば、10分32秒の取りっぱなしの自分の声に、音楽を加えたり、エコーをかけたりして5分00秒に編集するといったことが、割と簡単にできてしまいます。ぜひ、自分の「独立・起業」に、ネットラジオを使ってみてはいかがでしょうか。

サウンドエンジン公式サイト

https://soundengine.jp/

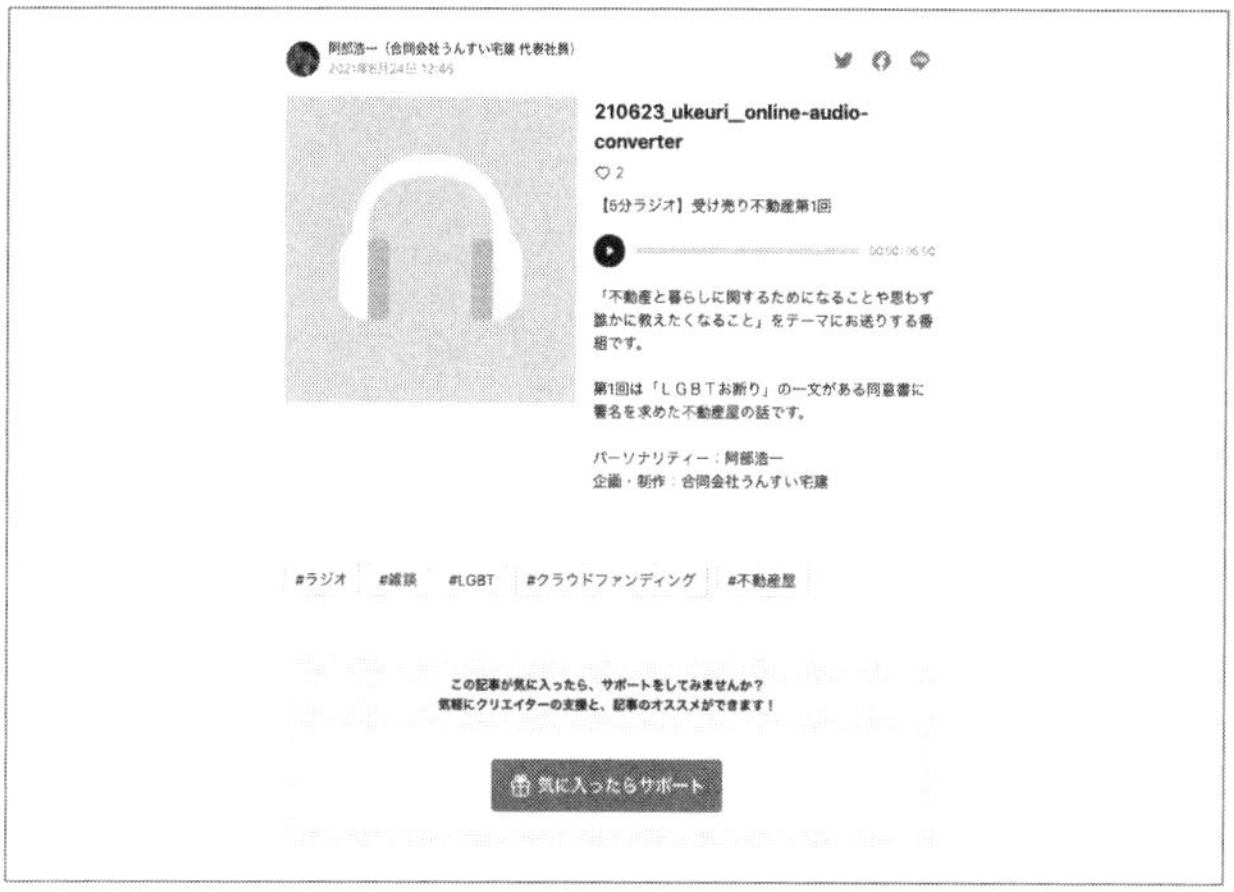

阿部が最近制作したポッドキャスト番組

https://note.com/kohichi_abe0127/n/nba2d64bdffa7

4-10

ネットの時代だからこそ紙媒体が効く

最近はペーパーレス化の推進で、紙は「昭和オヤジ」と同様、悪者扱いです。「きまじめでやさしい弱者」には多いですが、私も以前から同年代の人たちよりも、自分の親くらい年齢の離れた人たちの中にいるほうが落ち着くタイプだったせいか、頻繁にメールやサイトのプリントアウトを頼まれたり、紙のパンフレットをもらって来いと言われて、相手先の意識高い系の人からウェブカタログを見てくださいと冷たくあしらわれたりといった立場に陥りがちです。

もっとも私自身も40代半ばを過ぎ、10代20代の若者から見れば十分おじさんなのに、上の世代から見ればまだまだ若手という中途半端な立ち位置にあり、そんな自分のことを「若手のおっさん」などと言ったりしています。

私が業界未経験で不動産会社を創業して、同業者の先輩から言われたのが、友人知人や、すでにある程度面識のある人に自分の仕事を宣伝するなら、ネットよりもチラシが効くということとでした。不動産業界自体が、他業種に比べてＩＴ活用に関しては後れを取っているということもあるのでしょうが、その話を聞いて、これは灯台下暗しだったなと思いました。というのも、もともと私は、Wordを使ってチラシなどを作成するのが好きで、自身で編集も行い、フリーペーパーも毎月発行していたことがあったからです。

自分の音楽のライブで配布するチラシ（フライヤー）も、せっせと毎回つくっていたのに、創業してからというもの、ウェブマーケティングにばかり心を奪われていて、すっかりチラシのことは忘れていました。確かに、友人知人に不動産会社を始めたから、不動産を買うときや売るときは相談してね、と言ってチラシを渡せば、いざというときに思い出してもらえそうです。今後はわかりませんが、不動産を探すことはともかく、今はまだ売買や賃貸の契約をネットで気軽にポチっとという時代ではありません。チラシを直接渡すなどといった距離の近さや親しみやすさの「演出」は、最終的なお客様の決断にも影響を与えるでしょう。

チラシを作成することも、基本的なパソコン操作ができればそれほど難しいことではありません。つくるだけなら、プロが多く愛用しているIllustratorという定番ソフトを使えなくても、WordやExcelで十分つくれます。唯一難しいのはセンスの問題ですが、今は用意されたフォーマットを埋めていくだけでチラシなどが作成できてしまう無料のウェブサービスもあります。

画像の配置、どんなフォントを使用するか、空間をどれくらい残すかなどといった技術だけではどうにもならないセンスの部分も、どうにでもなってしまう便利な時代です。

チラシの作成時には、まずは見出しや文章といったテキスト、画像をきちんと用意しましょう。その上でデザインを考えます。後から追加というようなことになると、レイアウトが崩れて、デザイン自体が変わってしまいます。修正箇所が発生しても微修正で済むように、きちんと伝えたい情報はあらかじめ整理しておきましょう。

ウェブの情報は簡単に修正が可能ですが、チラシだとそうはいきません。それだけ、媒体としての信頼感も高いといえます。きまじめでやさしいあなたのこだわりや細やかさは、チラシづくりに活かせます。SNS全盛の時代。情報発信もDIYの精神で取り組むことは、とても楽しいものです。

私がメディアリテラシーという言葉を知り、ミニFMやフリーペーパーの発行などを始めるきっかけとなったのが、非営利の映像メディア「アワープラネットTV」(通称：アワプラ)との出会いからでした。アワプラは2001年に設立されたのですが、まだYouTubeも存在しなかった頃に、ネットで映像をコンスタントに配信しようとしていたなんてすごくないでしょうか。

大手の映像メディア（テレビ局など）が伝えないこと、スポンサー企業に配慮して発信できないような情報を映像で伝え続けています。私はそんな信念のぶれない代表の白石草《はじめ》さんを尊敬しています。

阿部が作成した弊社のチラシ

認定NPO法人Our Planet-TV

http://www.ourplanet-tv.org/

チラシなどが簡単につくれる「Canva」

https://www.canva.com/

第5章

人生はお花畑ではなく荒れ地である

5-01

恩返しと恩送りの話

他人に迷惑をかけてはいけないのではなくて、自分も他人に迷惑をかける存在なのだから、他人からかけられる迷惑にも寛容でありましょうよという話をしました。要するにお互い様ということなのですが、少しこれに似た話をさせてください。

恩返しは相手から受けた恩を返すことで、これは誰でもイメージしやすいでしょう。そもそも人には相手から親切にされると、何か返礼をしなくてはならないと感じる習性があって、一方的によくしてもらうと、何か落ち着かないというのもよくわかります。日本人はシャイなので、お返しをされるのを本気で拒みつつ、何もないならなかったで、何だアイツはみたいなところもあって、空気を読むのも大変です。

だけど人間というものは、いつも他人によい顔をしていられるほど、楽ではありません。**一生懸命に生きていたらどうしたって、恩を仇で返すといったこともやらざるを得ないのが当た**

り前でしょう。

それをいつかその相手に、直接詫びたり恩を返したりすることができれば理想的ですが、人生というのはよく旅にたとえられるように、そこでの出会いもひとときの縁です。あれだけ仲がよかったのに、久しぶりに会うと全然話が弾まなかった、ケンカしたわけではないのに、まったく接点がなくなってしまったなどといったことは、よくあります。

また、自分はお返しをしたいのに、相手からなんとなく避けられてしまっているようだということもあるでしょう。それはもう仕方のないことです。では、どうしたらよいのか。恩返しではなく、恩送りをすればいいのです。

恩送りとは、受けた恩を相手に直接返すのではなく、世の中へ返すことを言います。

わかりやすくいえば、たとえば、もう近くにいない先輩から受けた恩をその先輩自身にではなく、今度は自分の後輩・次の世代に送ってあげること、施してあげることです。

父の死後、母が大病を患い、実家が人手に渡り、その母を入院させた後のまだ20代前半だったときなのでずいぶん昔の話ですが、私は自己破産をして免責を受けたことがありました。私も若かったし、「人に迷惑をかけてはいけません」という教えに毒されていたのでずいぶん苦しみましたが、亡き友人（4章3節）の「そんなに破産するのが悪いというなら、落ち着いて稼げるようになったらユニセフにでも寄付すればいいじゃないか！」という言葉に目が覚める思いをしました。この友人の言わんとすることも、恩送りのひとつです。

恩送りを知っていれば、心が少し軽くなって、生きるのが楽になります。アメリカが好きなわけではありませんが、同国では失敗が多いほど、たくさんチャレンジした人として尊敬される文化があるのだそうです。

実業家出身のトランプ前大統領も4回の自己破産申請を経験していると言います。日本では怠惰で計画性のない人、事業者なら経営手腕に問題がある人などと決めつけられて後ろ指をさされる傾向がありますが、周囲がその人を責めても何も生み出さないでしょう。

特別ではない普通の人は、チャレンジすればどうしたって粗相をします。当たり前です。それをいちいち気にかけていたら、何もできません。きまじめでやさしい人ほど、チャレンジの過程で起こるハレーションにばかり気を取られがちですが、それが普通なのです。電動工具で鉄を切るときには、どうしたって火花が散るようにです。

確かに恩を仇で返すようなことをされれば腹は立つでしょう。ですが、そういう人間が近づいてくるということは、自分に徳がないからに他ならないのです。人には自分にふさわしい、お似合いな人しか寄ってきません。相手を恨むより、自分を磨くほうが早道です。そして凡人なら、自分だって、必ず恩を仇で返すようなことをやってきているはずです。

どうしても粗相を挽回できないときは、卑屈になり過ぎず、次の世代に「ごめんなさい」と「ありがとう」の恩送りをすればいいと考えれば、今を生きることが少し楽になるでしょう。

5-02

6時間だけ働いて本を読め

ライフネット生命の創業者で立命館アジア太平洋大学学長の出口治明さんは、高度成長期の日本の会社員がやってきた「メシ、風呂、寝る」を繰り返す毎日を一刻も早くやめて勉強しなければ、日本の社会や経済はダメになってしまうとおっしゃっています。私も以前から、日本人は労働時間を減らしてもっと本を読むべきだと考えていたので、我が意を得たりの思いでした。

私ごときが博識な出口さんの言葉を引いて、我が意を得たりなどと公言するのは恥ずかしいのですが、博識な人にあこがれる私が本能的に感じていたことを指摘されていて、やっぱりそうだよなと感じたものです。

1989年と2019年の世界企業の時価総額ランキングTOP50を比べると、1989年は上位5位までを日本企業が占め、以下も多くが日本企業です。一方、2019年になると日

世界時価総額ランキングTOP50(平成元年)

順位	企業名	時価総額(億ドル)	国名
1	NTT	1638.6	
2	日本興業銀行	715.9	
3	住友銀行	695.9	
4	富士銀行	670.8	
5	第一勧業銀行	660.9	
6	IBM	646.5	
7	三菱銀行	592.7	
8	エクソン	549.2	
9	東京電力	544.6	
10	ロイヤルダッチ・シェル	543.6	
11	トヨタ自動車	541.7	
12	GE	493.6	
13	三和銀行	492.9	
14	野村証券	444.4	
15	新日本製鐵	414.8	
16	AT&T	381.2	
17	日立製作所	358.2	
18	松下電器	357.0	
19	フィリップ・モリス	321.4	
20	東芝	309.1	
21	関西電力	308.9	
22	日本長期信用銀行	308.5	
23	東海銀行	305.4	
24	三井銀行	296.9	
25	メルク	275.2	
26	日産自動車	269.8	
27	三菱重工業	266.5	
28	デュポン	260.8	

世界時価総額ランキングTOP50(平成31年4月)

順位	企業名	時価総額(億ドル)	国名
1	アップル	9644.2	
2	マイクロソフト	9495.1	
3	アマゾン・ドット・コム	9286.6	
4	アルファベット	8115.3	
5	ロイヤル・ダッチ・シェル	5368.5	
6	バークシャー・ハサウェイ	5150.1	
7	アリババ・グループ・ホールディングス	4805.4	
8	テンセント・ホールディングス	4755.1	
9	フェイスブック	4360.8	
10	JPモルガン・チェース	3685.2	
11	ジョンソン・エンド・ジョンソン	3670.1	
12	エクソン・モービル	3509.2	
13	中国工商銀行	2991.1	
14	ウォルマート・ストアズ	2937.7	
15	ネスレ	2903.0	
16	バンク・オブ・アメリカ	2896.5	
17	ビザ	2807.3	
18	プロクター・アンド・ギャンブル	2651.9	
19	インテル	2646.1	
20	シスコ・システムズ	2480.1	
21	マスターカード	2465.1	
22	ベライゾン・コミュニケーションズ	2410.7	
23	ウォルト・ディズニー	2367.1	
24	サムスン電子	2359.3	
25	台湾セミコンダクター・マニュファクチャリング	2341.5	
26	AT&T	2338.7	
27	シェブロン	2322.1	
28	中国平安保険	2293.4	

平成最後の時価総額ランキング。
日本と世界その差を生んだ30年とは？

https://media.startup-db.com/research/marketcap-global

本企業は上位5位はおろか、43位にようやくトヨタ自動車がランクインしているという有様。しかも、1989年の2位から5位に位置する企業（すべて銀行）は、現在は他と合併するなどして、どこも単体では存続していません。

私には正直、日本がもう一度、1989年をめざすのがいいのか、それとも新たな道を模索するのがいいのかはよくわかりません。ただ言えるのは、仮に前者がいいのだとしても、「メシ、風呂、寝る」を繰り返す毎日を、さらにパワーアップさせようとする発想では、地獄のような風景しか見えてこないということです。そして、今の日本の政界も財界も、結局のところ「メシ、風呂、寝る」路線の継承とパワーアップから抜け切れていない気がしてならないのです。

賢くて勤勉なはずの日本からこの30年（私が中学2年生から40代に至るまで）、GAFA（IT企業大手4社）のような企業が誕生しなかったことや、時価総額ランキングで現在のようになってしまった要因のひとつに、日本人が時代は変わったのに「メシ、風呂、寝る」からの脱却ができなくて、そのくせ無類のがんばり屋だということがあると考えています。

「夢よもう一度」をめざすにせよ、世界の国々の中にあって日本が経済成長のみによらない新たな価値観を打ち立てるにせよ、まずは労働時間を減らして本を読んだり勉強したりすべきです。最近では、週休3日制にして、社員に資格取得などを促し、よい人材を自社に確保するという会社もあります。人材を囲い込むという発想がもう古いなとは思いますが、よい傾向ではあるでしょう。ただし、発想や枠組みを変えずに、お品書きだけ変えればいいということでは、古さと新しさの狭間でメンタルを病む人が続出するだけです。

いちばん割を食うのは「正社員」でしょう。日本の正社員は、自分の理想よりも忠誠を誓い、会社の利益を追うことを宿命づけられてきました。そうした考え方はそのままに、やれ働き方改革だ、どこでも通用する人間になるよう勉強しろだなどと言われたところで、「いったいどっちゃねん？」となってしまい、余計に苦しいだけです。

9時に出社したら、15時に退社して、どこかでゆっくり本を選んだり読んだりしませんか。6時間というのはたとえばの話ですが、本を読む時間と気力を確保できるような生活を心がけるべきだし、雇用主は従業員にそうしたことができるための気配りをすべきではないでしょうか。

多くの人が「日本の伝統」だと信じていることには、明治以降に始まったようなことが案外多いです。「同性愛は異常」というのもそうですし、「日本人は勤勉」もそれに当てはまります。私が好きな大相撲は、日本の国技と言われますが、そう呼ばれるようになったのは明治どころか、昭和に入ってからです。

たまたま昭和天皇が大の相撲好きで、現在も続く優勝杯の前身、摂政宮賜杯の授与が大正末期に始まったことから天皇の「威光」も手伝って国技と呼ばれるようになったものであって、古代の相撲がケンカの延長みたいだった時代からそうだったわけではありません。

こんなことも昔から本を読んでいるから知っているのですが、不動産屋が飯を食うのに無駄な雑学と言い切れるでしょうか。

5-03

無理をする必要はないけれど、限界を決める必要もない

私は基本的に今の会社を大きくする気もないし、事業を拡大させていくつもりもありません。ドカンと儲かったらそれはうれしいですが、その一方で損をしたり、不遇のときを耐えなければならないジェットコースターみたいな事業をやるくらいなら、しょぼしょぼとでもいいから、絶え間なく注ぎ続ける流水でありたいと考えています。

ただ、お金はほどほどあればいい、というのとは違います。それは優先順位の問題であって、無理を重ねて心身を病んだり、誰かを傷つけたりしてまでお金儲けをしなくていいという話です。しょぼしょぼとビジネスをやりつつ、億万長者になれるならなるべきだと思うし、もし私がそういう真理を発見できたとしたら、しょぼしょぼとそのノウハウを売って、さらに億万長者になりたいです。

無理をする必要はないけれど、限界を決める必要もありません。ところが私たちは、どこか

おかしなタイミングでブレーキを踏んでしまいがちです。

がんばれない、特別な才能なんてない、勇気もない、コミュニケーション能力もない——。そんな自分のままでは、何か大きなことを成し遂げるなんてできないと、どうして決めつける必要があるのでしょうか。「努力と根性教」や「人に迷惑かけるな教」がはびこるばかりに「きまじめでやさしい弱者」が小さくなって生きなければならないなんて本当におかしいです。

起業する人みんなが、上場企業をめざすわけではないし、音楽やバンドをやっている若い人がみんなプロのミュージシャンになりたいわけではないのに、**世の中というものはとかく、二者択一を迫ってきます。**性のあり方がL・G・B・Tの4つの単色しかないわけではなく、グラデーションカラーにたとえられるように、「起業をする」ということに関しても、多様なかたちがあり得るし、多様な属性の人が参入できてしかるべきではないでしょうか。

ひと昔前の起業は、勇気とガッツがあって、相応の努力ができる人のものでした。今は違います。むしろ、平凡で変に野心やプライドがない人のほうが向いています。

起業だけではないですが、物事は始めるよりも、撤退することのほうが難しいといいます。太平洋戦争における日本軍だってそうです。歴史や企業の興亡史をちょっと眺めてみるだけでも、そうした事例は枚挙にいとまがありません。

失敗はさっさと終わらせて次へ行けばいいのです。これからは、起業と勤め人の差はある面ではほとんどなくなります。起業に失敗したら勤め人に戻ってまた起業したり、他の会社へ転職したり。失敗したわけではないけど、もっとやりがいのある仕事を見つけたから、廃業してその会社へ就職するなど、いろんなケースが考えられるでしょう。

起業経験のある会社員や公務員が珍しくない世の中になって、そういう人材は扱いにくいし、会社の言いなりになってくれなさそうだからなどと考えているような企業や団体は、例外なく淘汰されていくはずです。

終身雇用制度の崩壊をはじめとする、労働環境の変化がわからない人はほとんどいないでしょう。ですが、そうは言っても雇われて働くということは起業よりも安定していると考えている人は多いでしょう。それは幻想です。

会社で働くことが概ね、嫌じゃなければいいと思います。別に楽しくなくてもいいのです。しかしながら、とりあえず毎月の給料は保障されているからがまんしようなどというのは、いざとなったら、差し押さえ可能な担保を欲する金貸しを喜ばせる発想であって、この時代を主体的に生きようとする人のそれではありません。起業したって、安定収入を築くことは可能です。顧問契約、会員制度による月会費の徴収、賃借料収入など、自分の業種であればどういったフォーマットをつくることができるか。

自分はこんなものだと、決めつけないでください。「こんなもの」のままで、「あんなもの」になる道も、きっとどこかにあるものです。

5-04

「脱落したら最後」――恐怖であやつられる私たち

生活保護制度は、私たちが自分の力で生活できなくなったときの、最後の砦です。ところが、この最後の砦が、制度に対する人々の誤解や偏見があったり、行政側の怠慢や知識不足、そもそもマンパワーが足りなかったりなどの理由から、十分に機能していないことは、貧困問題の専門家や支援者の間ではよく知られています。

本来であれば、いざとなったら生活保護があると思えることで、困難な状況にも向き合っていけるというものでないといけないはずですが、一般市民からは「そうなったら終わりだ、恥だ」くらいに思われているのです。

だからその恐怖にあやつられて、みんな自分を殺して劣悪労働にも耐えてしまいます。それが結果的に、無能な雇用主を甘やかし、制度のあり方を改めようとしない政治家の不作為や改悪を許すことにつながっているのです。

私は生活保護制度には、負のイメージがつき過ぎているので、制度の名称をはじめとして、抜本的に変えたほうがいいと考えています。何か、困ったときは頼って当たり前じゃないかと誰もが思えるような仕組みをつくれないものでしょうか。生活保護は権利であって、施しではないのです。

コロナ禍にあって、最近では厚生労働省が「生活保護の申請は国民の権利です。生活保護を必要とする可能性はどなたにでもあるものですので、ためらわずにご相談ください」とウェブ上で訴えるなどして、状況は改善しつつあると聞きますが、基本的に役所は生活保護の申請を快く思いません。手を替え品を替え、申請させまいとすることを「水際作戦」などといいます。

ほとんどの人が申請を決心した時点で、心身ともに疲弊しています。そんな中で窓口へ行ったら、「就労の努力が足りないのでは」だの、「家族はいないのか」などと、プライベートな言いたくないことを訊かれ、侮辱するような言葉を投げつけられるわけです。もうたまったものではありません。

私もずっと以前、短期間ほど生活保護を受給したことがあります。私が役所の窓口へ行ったとき、たらい回しにされた挙句、対応に来た男性は驚いたことに、ぶっきらぼうに頬杖をつきながら、聞き取りを行おうとするのです。私が「それが相談に来た市民の話を聞く態度ですか」と注意したら、不服そうな顔で「すいません」と言って、姿勢を改めましたが、とにかく嫌でたまらないという調子でした。

生活保護の申請に行くときは、生活保護に詳しい支援者や法律家と一緒に行ってもらうのが理想です。ひとりで行くときは必ず、「相談に来ました」ではなく、「申請に来ました」と伝えましょう。相談というと、本当に話を聞くだけで帰されてしまいます。それから申請書も準備して行ったほうがいいです。申請書に決まった書式はありません。申請の意思が表明できるなら、メモ帳の走り書きだって構いません。これでは申請にならないとウソを言われたら、申請書をくださいと言ってその場で書けばいいのです。

申請を拒否することは違法です。申請があれば、どんなお金持ちからのものでも受け付けなければいけません。その場合、役所は調査をした上で、「あなたはお金あるでしょ」とはねつけるのが仕事です。

生活保護は、そこに至るまでの事情を問われて認められたり、認められなかったりするようなものではなく、現に困っている人なら当然に受給できる権利。だけど、生活保護を受給しているときって、けっこう面倒だし、そんなによいものではありません。

たとえば、保険証は取り上げられて、病院へ行くときなどはその都度、保険証に代わる書類を発行してもらう必要があります。また、仕事をしていなかったら求職活動の進捗を報告したり、少しでも収入があったときは逐一、申し出なければなりません。

困ったときに権利を行使できたことを感謝していますが、もうあのときに戻りたくはないです。

生活保護は足りない分を補てんするというのが建前なので、本来なら受給できるのに申請すらしていない人はたくさんいます。改めて言いますが、生活保護は施しではなく、当然の権利です。困ったときは、迷わず申請しましょう。

5-05

今の自分にふさわしい人しか寄ってこない

よく、何で自分の周りにはできの悪い奴しか集まってこないのだろうとか、うちの会社にはろくな奴がいない、どいつもこいつもなどといった愚痴を言う人がいます。その理由を私は知っています。それは、「その人自身がそういう人」だからです。もう少し丁寧に言えば、その人自身がそういう人を引き寄せるオーラを放っているからであって、相手を責めるのはお門違いというものです。その人の「ろくな奴ではない」生きざまを否定できるほど、あなたは立派な人間かという話です。

作家の宮本輝さんが、エッセイ集『命の器』の中で、「どんな人と出会うかはその人の命の器次第なのだ」と述べています。運のいい人は運のいい人とつながっていくし、どんなに仲がよくても、伸びていく人は落ちていく人と知らず知らずのうちに疎遠になっていく。「類は友を呼ぶ」と単純には片づけることのできない、そんな不思議な法則に命の器と名づけて言及されています。

今の自分にふさわしい人しか、あなたのもとには寄ってきません。だから、そんな現状が嫌なら相手を責める前に自分が変わればいいのですが、その渦中にいるときは、なかなかそれに気づけなかったりします。私自身、過去を振り返ってみて初めて、自分の心得違いや痛い自分に気づくということは多いものです。

ではどうしたらよいのか。結局、普段から「自分磨き」をしておくしかないでしょう。何だ、精神論かと思わないでください。本来の自分磨きはやみくもに行うのではなく、その先にいる自分を可能な限り正確にイメージできているからこそ、効果が発揮されるものです。つまりは自分がどう生きたいか、どうありたいかということをきちんとわかっているということが前提となります。それは何の職業に就きたい、やりたいことは何かとか、そういうことではありません。会社でいえば、企業理念のようなもので、あまりに抽象的で、どうとでも解釈できるようなことでもいけないし（劣悪企業の企業理念にありがち）、「この道しかないのだ！」みたいに、視野が狭過ぎるようでも困るものです。

そこがぶれていて、他人から求められることよりも自分がこうしたいという欲求だけが先行しているときは、それに応えるような人しか近づいてきません。**「自分の好きなように生きて**

いる」などと言いながら、傍から見たら痛々しいだけの人っていますよね。

今の自分や環境をリセットして、クリアな状態でもう一度、自分自身を見つめ直してみたい。そんなときは、引っ越しがいちばんです。持ち家がある人は難しいかもしれませんが、できないことはありません。これまた不思議な話ですが、引っ越しをすることで自分の意思だけではどうしようもない力が働き出すこともあります。引っ越しというのは、けっこうなエネルギーを必要とします。大まかなタイムスケジュールを立てて、お金の算段から物件探し、引っ越し業者の手配、荷造り、新居での片づけ。住民票を移すなどの行政手続きも必要です。**そうした引っ越しに伴うエネルギーの放出がはからずも、「気の流れ」を変えてくれるのでしょう。**

スピリチュアルなことを言っていると思われるかもしれませんが、ある程度の人生経験を積まれた方なら納得できるのではないでしょうか。

スピリチュアルついでに、場所の影響も大きく左右します。私は風水好きの占い好きでもあるのですが、住むのによくない場所というのは、残念ながら存在します。もちろん、それは駅から遠いとか、近所にコンビニがないとかいうような話ではありません。ただ、風水や占いに凝り過ぎているときというのは、間違いなく運気が下がっているときです。よいときというのは、そういうことはあまり気になりません。

次は23年間で、14回の引っ越しを経験した私が、部屋探しについてお話しします。

5-06

引っ越し貧乏が教える部屋探しの極意とは

20年余りで引っ越し14回というのは、きっと多いほうだと思います。何も引っ越しが好きなわけではないのですが、その都度、引っ越しせざるを得ない理由が発生して動いているうちにこうなってしまったという感じです。

あるときは手狭になった、別のときには住民トラブル、そしてあるときは賃借人の都合（このときの私の立場は転借人）によるなどといったところなのですが、その分、内見（物件見学）を行った回数は引っ越し回数の倍では済まないでしょう。物件の情報収集に至ってはもう趣味の領域で、未経験で創業したとはいえ、客の立場からいろんな業者を見てきています。

まず、１００％自分の希望がかなう物件なんてありません。これだけは絶対嫌だということをはっきりさせた上で、あとは消去法で探していくしかないでしょう。

たとえば私は集合住宅の場合、階上やとなりの部屋からの物音にとても神経質です。外を走るクルマの爆音は気にならなくても、住人の足音や話し声、生活音は大小問わず気になって仕方がないのです。ある程度はお互い様なのですが、私みたいな人は、木造や軽量鉄骨造のアパートは避けるのが無難でしょう。マンションタイプの鉄筋コンクリート造の集合住宅は、遮音性が高い分、お家賃も高めですが、そこは自分の懐具合に合わせて地域や面積などで妥協しましょう。

音と言えばこんなことがありました。以前、部屋を探していたとき、「楽器演奏ＯＫ」という物件を見つけました。内見に行くと、駅から近い割に賃料も抑えられ、洗濯機置き場がないこと（マンション内にコインランドリーあり）以外は、申し分ない物件のように思われました。ところが、この物件に決めそうになったまさにそのとき、となりの部屋から常軌を逸する大音量で音楽が流れ始めたではありませんか。

おそらく気密性、遮音性の高さゆえに、その物件の魅力とするため楽器演奏ＯＫをうたってはいるものの、防音設備が整えてあるというわけではなかったのです。きっと、となりの住人は楽器演奏ＯＫならば、音楽を大音量で聴いても問題ないという解釈だったのでしょう。私が内見に行ったタイミングでとなりの住人が音楽を流してくれなければ、そこで契約してしまうところでした。

防音が施されていないのに、空室を埋めたいために楽器可と広告しているマンションはけっこうあります。実際の契約時に契約書の文言を読むと「楽器の演奏は不可とする」などと記載されています。これを業者に指摘すると、「あ、そう書いてありますが問題ありませんから」などと言われます。業者としては、もし騒音トラブルになったとき、言い逃れできる道を用意しているということですね。言った言わないの話になってしまったときでも、契約書にはちゃんと「不可」と記載されていますから。

部屋探しのとき、何より大事にすべきなのは自分の直感です。どんなに条件が自分の理想に近い物件でも、実際に内見に行ってみたり、話を進めようと動き始めたりしてみると、何か嫌だな、気が進まないなという気持ちになる物件はあります。そんなときは違約金を払ってでも、やめるほうが賢明でしょう。私も浴室を見た途端、ここは嫌だと思った物件がありました。清潔で、何ということのない浴室でしたが、すぐにここはないなと思いました。案内してくれた業者は、私の様子を見て不思議そうにしていましたが。

「大島てる」という、事故物件の情報を公開しているサイトが話題です。これを見ていると、なぜか私が今まで住んだ歴代物件の中に事故物件が複数存在しています。自分が住んでいた部屋かどうかはわかりませんが、どうも私は引きが強いようで、霊感があるという友人から、誰もいない窓を指さして、「窓から女の子（子ども）がずっと見ているよ」と言われたこともあります。

業者や大家がそうした情報を積極的に公開したがらないのはよくないですが、探す側も「気にし過ぎ」の面があるのではないでしょうか。東京の土地には今でも、関東大震災や東京大空襲で亡くなった人たちの遺骨が埋まっているといいます。人間に感情がある限り、どこへ行っても多かれ少なかれ、「念」は残るものでしょう。

本当にヤバイ物件もあるにはありますが、生きた人間のほうがよっぽど恐ろしいものです。

5-07

何がやりたいかよくわからない人に見えてもいい

「きまじめでやさしい弱者」が起業するなら、大分類（入口）はわかりやすくありふれたもので。他との差別化は中分類・小分類（中身）でとことん行いましょう。先達となって、今はない仕事をゼロから生み出し、市民権を得るためには熱意や才能、打たれ強さ、そして運も必要です。ユーチューバーなどという職業は、最近まで日本には存在しませんでした。それが先達によって、今では子どもが将来なりたい職業ランキング上位に位置するものとなっています。ロックミュージシャンだって、半世紀くらい前までは日本になかった職業です。

特別な才能もない普通の人は、〇〇なコンビニ、〇〇な弁護士、〇〇な僧侶など、〇〇の部分であり得ないくらいの差別化を行うことで、自分が社会で活かされる仕事を行えます。熱心なあなたのファン（信者）になってくれる1％の人を大事にして、あとは来るもの拒まず去るもの追わずでいいのです。

ブランディングというビジネス用語がありますが、これはビジネスに限らず、個人にとっても大事なことです。ビジネスにおけるブランディングは、単なる企業の自己主張ではない、会社や商品のイメージをよくする戦略なので、それを個人に当てはめると「自分はこういう人間なのだ」ではなく、「相手に自分のことをこんな人だと思ってほしい」ということになります。

少し種明かしというのか、舞台裏を見せてしまうような身もふたもない話にはなりますが、私がこうして本書を執筆しているのも、弊社のブランディング戦略の一環です。不動産に関するノウハウ本などならまだしも、「弱者」や「起業」などと掲げた本を書くのが創業したばかりの不動産屋の仕事なのかと問われれば確かに一理あるでしょう。しかしながら、業界未経験で創業して、読者に伝えるべき経験の乏しい私のアピールポイントは、自分自身しかありません。

そういうわけで、**ブランディングの大切さを知ると、やることがけっこう増えます。**

ブランディングはマーケティングとよく混同されますが、マーケティングは実際に売り込む話であって、自分のブランドをつくるブランディングとは似て非なるものです。ブランディングやマーケティングのもっと詳しい話は、いろいろな本が出ているのでそちらを読んでいただきたいですが、自分に何かしら、付加価値をつけることと解釈していただいても、それほど間違いではないでしょう。

私が元来、好奇心が旺盛で面白がり屋なこともあるかもしれませんが、いろんなことに首を突っ込み過ぎて、よく周囲から「あんたは結局、何をめざしているのかわからない」というようなことを言われることがあります。自分でも「俺、怪しい奴だな」と思いはしますが、別にそれでもいいと考えています。何をめざしているのかと問われれば、「少しでも穏やかに一生を終えること」ですから、そのプロセスはあまり関係ないのです。

芯というのか、根っこというのか、そういうものがとりあえずしっかりあれば、肩書きなんていくつあってもいいのです。そのほうが楽しくないですか。おまえが言うことはわかるけれど、まず何から手をつけたらいいかわからないという人は、まず自分のプロフィールをつくってみてください。「阿部浩一（あべこういち）。１９７6年1月、山口県生まれ……」みたいなやつです。

自分がどこかから、講演依頼を引き受けたなどと仮定して、２００字くらいの分と、４００字くらいのプロフィールをつくってみます。そうすると、自分の立ち位置も明確になるでしょう。自分のプロフィールは、自分ブランドをつくるための第一歩です。まずは誰かを参考にしてもいいので、自分のプロフィールをつくってみると、自分が相手にどういう人だと思ってほしいのかが見えてくるでしょう。

5-08

自分のことが好きですか？

福祉の専門学校へ通っていた頃、社会福祉原論だかの講義のときに、講師が私たち学生に対し、「自分のことが好きですか」と尋ねました。自分のことが好きだという人は手を挙げてみてと言われ、20人くらいいいた学生の中で手を挙げたのは私ひとりでした。

当時は「あれ？」としか感じませんでしたが、今はこう思います。**自分で自分を好きではないのに、誰が自分を好いてくれるだろうかと。**私はとくに女性の友人からナルシストと笑われるほどの、自分大好き人間です。自分のことを優れているとか、すばらしいなどと思っているのではありません。**ダメなところも憎めないかわいい奴**だと思っているのです。周りからすれば十分「憎める」のかもしれませんが、それは相手の心の問題だから私が悩むことではないでしょう。

「自称、かわいげのある人」。私がどんなに役立たずでも、みじめで屈辱を受けても自分を好きでいられるのは、物心ついたときから周りに愛されてきたからです。私に何かしらの才能があるとすれば、出会うべき人を引き寄せ、人に恵まれてきたことではないでしょうか。大人になってからも、お金がないときは、必ず飯を食わせてくれる人がいたし、粗相や不義理をしても、素知らぬ顔でつき合い続けてくれる人がいました。

両親は反社の業界に身を置いていた人たちで、堅気になってからは水商売に就いていました。そんな関係で、今思えば、ちょっと人生の本線から外れたような大人に囲まれて育ちました。春夏のセンバツ高校野球の時期などに、自宅に賭博の形跡を見つけるようなことが、お父さんが普通のサラリーマンというお宅では、まずないものだということを知ったのも、けっこう経ってからのことでした。だけど、両親をはじめ、その周りに集う大人たちは、本当に私のことをかわいがってくれました。私もお調子者で人懐っこい子どもだったようで、今でもその遺伝子は健在だなと感じるときがあります。

周りがみんな偉く思えて、立派だな、うらやましいなと思いはしても、「けど、絶対あいつより俺のほうがモテるよな〜」などとなってしまうのが私です。おめでたい奴です。両親は世間ズレしていて、ある意味怖いし、業の塊みたいなところもある存在でしたが、寂しい思いをさせられたことは一度もありませんでした。

残念ながら、私には愛情に飢えて育った人や、満たされずに大人になった人の気持ちはわかりません。だから、それをどうやったら克服できるかなんて想像もつきません。もし、できることがあるとしたらただ黙って話を聞いて、一緒に泣いたり笑ったりすることくらいではないでしょうか。

ただ、どんな人でも、過去を変えることはできません。自分の機嫌くらい、自分で取れなくてどうするのだ。恵まれている私から言われると、ムカつくかもしれませんが、本当にそうです。過去はもちろん、不確かな未来だって、どうでもいいとまでは言いませんが、今このときを大切に生きるということに比べれば、優先度は劣ります。

そんなことだから、人をすぐ信用してしまうのも、私の特徴なのかもしれません。ここまで、揉め事やケンカも多い半生でした。そのときは一生恨んでやるなどと思うのですが、すぐにその気持ちも忘れてしまいます。人を憎んだり、恨んだりするのにはけっこうなエネルギーが必要です。そんなことにパワーを費やすことはありません。憎んだり、恨んだりすることが気持ちよければ止めませんが、いろいろもったいないです。

自分の人生は、誰も代わりに生きてくれるものではありません。見境なく誰かに愛されたい、愛したいと願うのではなく、まずは照れることなく、自分で自分を好きだと言えることが先決です。

5-09

定休日とスキマ時間の話

不動産屋に水曜日を定休日とするところが多い理由。諸説あるようですが、大事な契約が「水に流れる」ことを嫌ってという説が有力といいます。そんなことを言えば、水にかかわる社名を選んだ私の会社など、どうしたものでしょうか。

弊社の法人名は、行雲流水《こううんりゅうすい》にちなんでいます。行く雲のように、流れる水のように。雲は基本的に穏やかですが、常に動きを止めることはなく、気づいたらいなくなったり、その形を変えたりしているものです。また、水はひとつのところにとどまり続け、流れることをやめてしまうとたちまち腐ってしまいます。小さな営みであっても、たえず循環していることで、その美しさや安全は保たれます。

このような行雲流水の実践者で、ひとつの場所に安住せず、旅をしながら修行を続ける僧侶のことを雲水《うんすい》と言います。私の価値観や、めざしたい方向にピッタリだと思いました。ちなみに弊社は2021年10月現在、定休日や営業時間は決めていません。必要とされるときは、24時間年中無休でいつでも働くつもりだし、しんどいときや気が向かないときは遠慮せず休むという方針です。

こういうことができるのも、ひとりで事業を行っている会社ならではです。

コロナ禍でテレワークが導入されたとき、頭の古い経営者や管理職ほど、家でなんか仕事させたら社員が怠けるのではないかと、管理を強めようとするという話もありますが、むしろ逆です。集中できる分、オーバーワーク気味に陥るケースも少なくありません。

怠ける人は、どんな環境を与えたところで、上手に怠けるものです。

ある程度、何らかの外圧から時間を管理されたり、自分できっちり労働時間を決めてメリハリをつけたほうが働きやすいという人もいるでしょう。

私の場合は、時間について縛られるのは好みませんが、働く場所については仕事場と生活の場はきっちり分けたいタイプです。フリーランスや個人事業主時代は自宅作業が多かったのですが、家にいると誘惑が多く、仕事に集中できないことが多々ありました。広い家だったり、ワークスペースにこだわることができたりするようなら違うのでしょうが、私は性格的に、それがたとえ許される環境であろうと、寝間着を着たまま仕事をすることはできません。**ある程度の「お仕事感」の演出**がないと、気持ちが向かない芸風（？）なので。

それから、忙しいという言葉を意識して使わないようにしています。それを言ってしまうと、何かに負けた気がしてしまうのです。忙しい、忙しいと口にしてそういうオーラを発している人は、そうやって新しい出会いやチャンスを結果的に遠ざけているのです。

時間はあったりなかったりするものではなく、自分でつくるものだなどといいます。一流の人はスキマ時間の使い方が実にうまいです。私は以前、縁あってたくさんの事業を展開する方に、プレゼンをする機会がありました。これから行くところがあって、しばらく戻れないというその方。プレゼンは結局、その方が空港まで移動する約15分間、クルマの中で行うことになったのです。

「その時間は出先の○○にいる予定だから、先にそこまで来て待っていてくれる？」と言われて向かい、そこから黒塗りの高級車の後部座席に同乗させていただき、車内でWordで作成した資料を基に要点だけを説明して、質問を受けました。その後、空港へ到着し、昼食をご一緒させていただいてから見送りをして、私だけを乗せた高級車で運転手の方に駅まで送っていただいたのでした。

私はそこまで時間に追われる人にはできるだけなりたくはないですが、不思議なもので予定というのは同じ時期に集中したりします。最近までめちゃくちゃヒマだったのに、このタイミングでそれを言うか、みたいな。そういうときこそ、スキマ時間の使い方の巧拙がものを言うのではないでしょうか。

5-10

荒れ地をお花畑だと思うから苦しい

「生きているだけですばらしい」と言います。あなたはただそこにいるだけで価値がある存在だと。そうは思えませんか。何か偽善っぽいですか。

私はあんまりすばらしいとは思いません。それどころか、この世に生まれてきたことは、きっと何かの罰だろうと考えています。前世できっと、神様仏様の逆鱗に触れることでもやらかしたから人間として生まれてきたに違いありません。

ただ、だからといって生きていても仕方がないとか、希望なんて持ってもしょうがないなどと考えるのはちょっと早計というものです。勘違いしてほしくないのは、それはあきらめや厭世観、悲観的、絶望などといった意味とはちょっと違うということです。

そもそも、この世は前提が荒れ地であって、お花畑ではないということが言いたいのです。

自分には、初めからお花畑が用意されていて当然だと、どこか受け身の姿勢でいるから、「こんなはずはない、あんなものは嫌だ」と苦しまなくてはならないのではないでしょうか。

私は荒れ地にせっせと種や苗を植えることだけが人生だと考えています。一生、花も実もないことのほうが圧倒的に多いはずです。そんなただの種まきの中にも、何かしらの喜びがあったり、なかったりする、人生とはその程度のものだと認識すべきです。自分の人生なんて、卑下したり放り出したりするほど高尚で立派なものではないのです。

自分の人生に期待しなくていい、幸せでなくてもいいって、なんだかホッとしませんか。

世の中には、イケてなければならない、みんなこうあるべきだというトラップがとてもたくさん仕掛けられています。

ただし、これは一人ひとりが心の中にセーフティネットとして持っておくといい考え方であって、為政者がみんなの幸福を考えなくてもいい口実にすることは、決して許されません。自助だ、自業自得だと言って、自身の責任を放棄するなという話です。

そういう人たちは私たちに対して、「生きているだけですばらしい」、「そこにいるだけで価値がある」などと発信し続けなければならない義務があります。

このように、生きるということは矛盾に満ちています。私がとにかくいちばん腹が立つのは思考停止です。自分の頭で考えないこと、他人に考えさせないように仕向けること。何でも白か黒かに矮小化して、第三の道を唱える者を空気を読めなどと異端視して叩く、その心根です。

答えは永遠に出ないことがわかっていながら、答えを求め続けて考えなければならないのが人生です。罰なのです。荒れ地なのです。

すごく当たり前のことですが、世の中には自分とは異なる意見があって、そのことを認めて、討論を続けていくというのがこの社会を生きるということだといえます。違う意見を認めるということは、相手におもねることではありません。公序良俗に反しない限りにおいて、他者の自由を尊重できるということです。

とくにここ数年、政治の世界を見ていると、立派な地位にある人が反論や異なる意見を言われると激高して、力でそれを封じて黙らせてしまう、物言えば唇寒し秋の風のような場面を、私たちは目の当たりにしてきました。それをリーダーシップだと勘違いしているのか、たんに人として未熟なだけなのかはわかりませんが、そういう人が権力の座に居座ることを間接的に許している人が多くいるということに他なりません。

本当にただ息をしているだけで、うんざりすることばかりです。

残念ながら、このままでは日本の将来は明るくないと思います。でも、いいではないですか。**勝手に生きて勝手に死んでいけばいいのです。**そして、困ったときは自分ばかりを責めず、いろんなものを頼ってください。そして、周りの人や知らない人も助けてあげてください。「社会」という存在は、あなたに頼られてつぶれるほどやわじゃないですから。

もしも、どこを頼ったらいいかわからないことがあったら、私に連絡してください。できるならメールが助かります。一緒に悩むことしかできないですが、それでもよければ。

エピローグ

居場所がないなら自分でつくるしかないという開き直りと諦念

本書は「独立・起業」読本なんて言いながら、やれ市場調査だ、課題の設定だ、ペルソナだなどといった起業本の定番ともいえるテーマについてはあまり書かれておらず、内容はちっともそれっぽくないなと自分で思っています。これをビジネス書だと言い張ったならば、「人文書じゃないの？」と言われてしまいそうだし、人文書の縄張りからは「こんな浅い内容で人文書だなんてちゃんちゃらおかしい」と鼻で笑われそうな気がします。

思えば、私のこれまでの人生はいつもそうでした。

ミュージシャンとしてロックのイベントに参加すると、フォークソングのくせにと笑いとばされ、アコースティックのイベントに加わると、「何か違うぞ、こいつイロモノだ」みたいな扱いを受けてしまうのです。

また、市民運動や政治の世界では、世の中をよくしていこうという思いが足りない軟弱な奴だとみなされ、「多数派の一般社会」に入れてもらおうとすると、正義感の強い熱いハートを持った人（ちょっとつき合いにくい人）のように言われてしまいます。

子どもの頃から、「〇〇派」、「〇〇グループ」に加わろうとしても、おまえはうちじゃないよ、と言われて仲間には入れてもらえない感覚がありました。みんなから、「あなたみたいなすてきな方はうちにはもったいない」、「あなたにはもっとふさわしいところが他にあるから」などと拒絶される。そしてひとりで腐っていたら、あいつはバカだ、無能だ、なぜそうなるまで何の手立ても講じなかったのだとあきれられてしまうのです。ずっとそうだったから、自分の居場所は自分でつくるしかないのだなと開き直り、あきらめるしかありませんでした。

＊＊＊

ほんの少し前まで、起業の話というのは「強者の論理」で語られてきました。少し盛っている部分はあったとしても、基本的には苦労話も含めて立身出世の物語です。

スタートアップを取り巻く環境も厳しいものがありました。2005年に行われた商法の抜本改正に伴う新「会社法」の成立まで、株式会社を設立するためには、資本金が最低1000万円必要でした。私がまだ20代だった2000年代初頭は、インターネットも今ほど普及しておらず、シェアオフィスなどというものもたぶんなく、事業の立ち上げには多額の費用が必要でした。倒産や失敗ということにも、今以上に社会の視線は冷たかったように思います。

しかしながら、スタートアップに対して、スモールビジネスという言葉が知られてきているように、今はそのハードルも下がっています。起業に使えるツールや資金調達の手段も多様化しています。とはいうものの結局、それらを取捨選択して使いこなせることや、小資本でもアイデアやつながりだけでうまくいくみたいな話は、それはそれで才能のなせる技です。

だからこそ、気合いや根性もなく、ただ才能や非凡であることにあこがれるだけの、特別な才能もない凡庸な人や、自己肯定感のあまり高くない人、弱者を自認する人こそ、スモールビジネスの中でのスタートアップをめざす、いいとこどりの独立・起業を検討しましょうということを、訴えたいと考えました。

会社を起業するような人は、何だかんだですごいのだと思うのは間違いです。長く組織に属し、キャリアを積み上げて明確なビジョンの下、満を持して独立した人もいれば、私のように、生きていくためのセーフティネットとして、ひとりで起業する道を選ぶ「意識低い系」の人もいます。

起業の動機なんて後づけで、それっぽいことは何とでも言えます。ですが私の場合、組織に自分の人生の大半を預けるような生き方だけは避けながら、必死に逃げ回っているうちに社長にならざるを得なかった、なってしまったというのが正直なところです。

＊　＊　＊

最近では、弱い立場にある人や社会的マイノリティと位置づけられる人の存在が、可視化されやすくなりました。

たとえば今から10年前、ＬＧＢＴｓの存在がここまでクローズアップされることを想像できたでしょうか。まだまだ根強い差別とともに、悪意のない勘違いや手探りの部分も多いですが、以前であれば自分の会社や学校など、身近なコミュニティにはいないことになっていたような存在です。同性愛は病気であるとさえ言われ、辞典などの信頼すべき書物にも、そのような記述がなされていました。

また、以前は気持ちの持ち方次第だ、ただのわがままだなどと精神論で片づけられがちだった、ＨＳＰや発達障害についても捉え直され、知られるようになってきています。

もう組織を頼るのはやめようではありませんか。誰もが組織から「独立」することによって、逆説的ですが、組織も目的ありきの風通しのよい集合体たりえるのではないかと考えます。組織は維持することが目的となったときが、その役割を終えるときです。ニュース映像などでよく目にする、地味なスーツを着たおじさんたちが、並んで頭を下げている、企業不祥事による謝罪会見などを見ていると、本当にそう思います。

「雇用を守る」という、一見、真っ当な殺し文句を、もう時代遅れで腐った組織の生存戦略や、既得権益の維持に利用されないよう、「きまじめでやさしい弱者」は、賢くならなくてはいけません。

今の社会は「弱者」という言葉が勝手にひとり歩きしています。そして、自分が理解できるものしか弱者とは認めないという、狭量で冷たい現状を私は憂いています。今後、日本が再び経済成長らしきものをめざすにせよ、世界の国々に対し、経済の発展によらない新しい価値観や国のあり方を示していくにせよ、「小さな声にも耳を傾ける」ことができる、そんなゆとりなくして、希望などあり得ません。

フランスの作家、サン・テグジュペリの代表作『星の王子さま』の中に「心で見なくちゃ、ものごとはよく見えないってことさ。肝心なことは、目には見えないんだよ」というキツネのセリフがあります。

理想を語ることを青臭いとか、お花畑などとバカにしてはいけません。そういう人たちが、社会の中心にあり続けてきたからこそ、不都合な今日があるのです（そのくせ、歴史小説『坂の上の雲』みたいなのは大好きだったりするのだ）。理想を語ることは、荒れ地に種を植えることです。

＊　＊　＊

本書の執筆にあたっては、クロスメディア・パブリッシングの編集者、川辺秀美さんにお力添えをいただきました。経験豊富な川辺さんが、とり止めのない私の自分語りや、あれこれ取っ散らかったアイデアを整理して、「弱者の起業」というキーワードを与えてくださったことで、最後まで一度もスランプに陥ることなく、執筆を終えることができました。

また、クロスメディア・マーケティングの菅一行さん、三橋京音さんは、本書の出版を宣伝する口実に、私がクラウドファンディングを始めるにあたり、プロジェクトの文章の内容や構成、見せ方について忌憚のないアドバイスをくださいました。せっかちでひとりよがりな私につき合っていただいたおかげで、自分の弱みにも気づかされました。

そして、いつも私を支えてくれるパートナーのことにも触れさせてください。甲斐性のない私が外でカッコつけていられるのも、みんなパートナーのおかげです。ありがとう。

たぶん、「起業」や「働き方」などをテーマにしたビジネス書の読者の多くは、「社会的弱者」や「人権問題」などをテーマにした本は読まない人たちなのではないでしょうか。また、後者をテーマにした本の読者は、お金儲けや商業活動にはあまり関心のない人たちも少なくないと推察します。

しかしながら双方、実は水面下でちゃんとつながっている課題でもあり、これからの企業は結局、すべてがソーシャルビジネスなのだということを説明しようと試みた本は、これまであまりなかったのではないでしょうか。

私の力不足をはじめ、紙幅の都合もあり、十分に説明できていないところもある気がしてなりませんが、それでも、そんな他に類を見ない「異質なビジネス書」として、あなたの心の中に何かしらの引っ掛かりを残せたとすれば、本書の目的は十分に達成できたものと思っています。

２０２１年10月11日

阿部浩一　kohichi.abe0127@gmail.com

クラウドファンディング

「めっちゃとことんな物語！ 弱者のための独立・起業本を出版してコミュニティを作りたい」

にご支援いただいたみなさま（順不同・敬称略）

- 株式会社おおきに　野寄聖統
- 安堂凛々衣
- 伊藤悟
- あかり
- 大島資生
- ウェブにのみ、お名前掲載（1名）
- turcoise hippo
- 美喜
- 杉本志緒里
- けい
- 匿名希望（1名）

【Twitter】

https://twitter.com/kohichi_abe

【Instagramr】

https://www.instagram.com/kohichi_abe/

【合同会社うんすい宅建ウェブサイト】

https://www.unsuitakken.com/

【著者略歴】

阿部浩一（あべ・こういち）

1976年1月、山口県生まれ。LGBTsと社会的マイノリティのための不動産会社、合同会社うんすい宅建 代表、宅地建物取引士。定時制高校を卒業後、保育士を志し、専門学校へ進学(中退)。書店員、保険代理店経営、NGO団体職員、フリーランスのイベンター、社会福祉法人の職員、NPOに特化したコンサルティング事務所の経営といった職種を経験し、現在に至る。市民運動やボランティア活動にも数多く参加。首都圏のNPO活動を紹介するラジオ番組『東京ラブレター』（FMわぃわぃ・神戸市）では、パーソナリティと番組の制作企画を担当した。30年来、シンガーソングライターとしても活動。楽曲制作や東京・下北沢を中心に演奏活動も行っている。

きまじめでやさしい弱者《じゃくしゃ》のための
「独立《どくりつ》・起業《きぎょう》」読本《どくほん》

2021年12月21日 初版発行

発行 **株式会社クロスメディア・パブリッシング**

発行者 小早川幸一郎

〒151-0051 東京都渋谷区千駄ヶ谷4-20-3 東栄神宮外苑ビル

https://www.cm-publishing.co.jp

■本の内容に関するお問い合わせ先 …………………… TEL (03)5413-3140／FAX (03)5413-3141

発売 **株式会社インプレス**

〒101-0051 東京都千代田区神田神保町一丁目105番地

■乱丁本・落丁本などのお問い合わせ先 ……………… TEL (03)6837-5016／FAX (03)6837-5023

service@impress.co.jp

(受付時間 10:00～12:00、13:00～17:00 土日・祝日を除く)

※古書店で購入されたものについてはお取り替えできません

■書店／販売店のご注文窓口

株式会社インプレス 受注センター …………………… TEL (048)449-8040／FAX (048)449-8041

株式会社インプレス 出版営業部 ………………………………………………… TEL (03)6837-4635

装丁 齋藤稔 (G-RAM)

本文デザイン・DTP 安井智弘

印刷・製本 株式会社シナノ

ISBN 978-4-295-40631-0 C2034